Itinéraire d'une **ULTRASENSIBLE**

REJOIGNEZ NOTRE COMMUNAUTÉ DE LECTEURS !

Inscrivez-vous à notre newsletter et recevez des informations sur nos parutions, nos événements, nos jeux-concours... et des cadeaux !
Rendez-vous ici : **bit.ly/newsletterleduc**

Retrouvez-nous sur notre site **www.editionsleduc.com** et sur les réseaux sociaux.

Leduc s'engage pour une fabrication écoresponsable !
« Des livres pour mieux vivre », c'est la devise de notre maison.
Et vivre mieux, c'est vivre en impactant positivement le monde qui nous entoure ! C'est pourquoi nous choisissons nos imprimeurs avec la plus grande attention pour que nos ouvrages soient imprimés sur du papier issu de forêts gérées durablement, et qu'ils parcourent le moins de kilomètres possible avant d'arriver dans vos mains ! Pour en savoir plus, rendez-vous sur notre site.

Collection « Saverio Tomasella présente »
Conseil éditorial : Sophie Carquain
Édition : Béatrice Le Rouzic
Correction : Marjolaine Revel
Le chat Frimousse : Clod*
Maquette : Cipanga
Design de couverture : Antartik

10, place des Cinq-Martyrs-du-Lycée-Buffon
75015 Paris – France
ISBN : 979-10-285-1367-2

Saverio Tomasella
PRÉSENTE

CHARLOTTE WILS

Itinéraire d'une ULTRASENSIBLE

LEDUC

Sommaire

Préface 7

Avant-propos 9

Introduction : « Je suis hypersensible » 11

Chapitre 1 : Être hypersensible : qu'est-ce que cela signifie ?...19

Chapitre 2 : Dans l'enfance, une nécessaire adaptation 27

Chapitre 3 : J'ai vécu une adolescence sérieuse, espiègle
et… désenchantée 47

Chapitre 4 : Ma vie d'adulte, entre incertitude
et détermination..69

Conclusion...207

Bibliographie 211

Table des matières..213

Préface

J'ai rencontré Charlotte Wils lors d'une journée d'échanges sur la surdouance et l'hypersensibilité, à Nanterre. Nous nous sommes entendus immédiatement, comme si nous étions déjà sur la même longueur d'onde, et nos discussions ne font que le prouver chaque fois un peu plus depuis ce premier contact. Nous partageons la même vision de la sensibilité humaine, le même goût des autres et la même passion farouche pour la liberté d'expression. Nous nous sommes aussi découvert un autre point commun, un goût prononcé pour le théâtre et un passé de comédiens.

Toutes ces passerelles entre nous nous permettent aujourd'hui de chercher ensemble sur l'ultrasensibilité et d'animer des ateliers de « théâtre thérapeutique » pour les personnes très sensibles. Cette forme créative de thérapie de groupe confirme à quel point les personnes très sensibles ont besoin de pouvoir être accueillies telles qu'elles sont, avec leurs particularités, leurs différences, pour s'exprimer librement et retrouver confiance en elles.

Dans ce livre très personnel, Charlotte raconte la découverte de sa propre sensibilité élevée. Très empathique, elle s'est tout de suite reconnue dans l'appellation « ultrasensible », qui lui va à merveille, car je connais peu de personnes d'une telle délicatesse, empreintes d'une si belle douceur, capables de tant d'attention envers l'autre. Voilà pourquoi je crois de plus en plus que les personnes ultrasensibles sont aussi le ferment d'une évolution sociale vers plus de convivialité et d'humanité dans nos relations, au sein du couple, en famille, à l'école, en entreprise, dans les administrations, les hôpitaux, les tribunaux et jusque dans le monde politique.

L'ultrasensibilité devient de plus en plus un combat politique au sens noble, au sens du politique, du vivre ensemble, de la convivialité, de la création d'un monde meilleur, d'une planète sur laquelle il fait bon vivre, de véritables relations paritaires entre les femmes et les hommes, d'un respect profond à l'égard des enfants, des plus démunis ou des personnes très âgées. Aujourd'hui, grâce aux personnes comme Charlotte, l'hypersensibilité sort des sentiers battus, on commence à en parler davantage et différemment, spontanément, de façon plus singulière… ce qui aide de plus en plus de grands sensibles à oser en parler, à se montrer tels qu'elles ou ils sont.

Je suis convaincu que beaucoup d'entre vous se reconnaîtront dans ce témoignage plein de vie et d'humanité. Je vous en souhaite une lecture douce, réconfortante et inspirée. Je souhaite aussi que ce livre vous donne le courage de vous accepter telles et tels que vous êtes, magnifiquement sensibles, et que vous soyez de plus en plus à l'aise avec votre spécificité, fières et fiers de votre singularité, heureuses et heureux de la partager avec d'autres.

Saverio Tomasella
Docteur en psychologie

Avant-propos

Anthony Robbins, coach américain reconnu et auteur du livre *Pouvoir illimité*[1], dit : « Si votre vie vaut la peine d'être vécue, elle vaut la peine d'être racontée. »

D'accord, pourquoi pas ? L'aventure me tente !

Alors, je me lance dans cette nouvelle expérience qui va m'en apprendre, j'en suis certaine, davantage sur l'être humain en général et sur moi-même.

Ma vie n'est pas particulièrement extraordinaire, je ne suis pas une vedette de cinéma, je ne suis pas une personnalité politique, je ne suis pas particulièrement riche, ni belle, ni célèbre et je n'ai pas inventé de matériel informatique révolutionnaire, je suis juste une femme « normale ». Du moins, j'ai trop longtemps essayé de l'être.

---

1. Anthony Robbins, *Pouvoir illimité : Changez de vie avec la PNL – le livre de référence*, J'ai lu, 2008.

Mais qu'est-ce que la normalité, finalement ? Ne sommes-nous pas tous différents ? Certains ne revendiquent-ils pas justement leur différence ? N'avons-nous pas tous un ADN singulier qui permet de nous distinguer les uns des autres ? Y a-t-il par conséquent une normalité ? Et quelle est-elle ? Quelles sont les caractéristiques qui permettent de dire que nous sommes normaux ? La normalité ne serait-elle pas finalement le fait de ne pas faire trop de vagues ? De ne pas se faire remarquer dans sa vie privée comme dans son travail ? D'avoir un physique banal ? D'être dans une moyenne ? Non pas médiocre, mais à la limite ? De ne pas dépasser les autres ? De ne pas se faire remarquer, mais d'être là, de s'accrocher, d'être endurant ? De ne pas savoir faire, mais de faire semblant ? La normalité serait-elle d'être moyen dans tous les domaines de sa vie ? Alors, si c'est ça, non. Finalement, je ne suis pas une femme normale et ne le revendiquerai certainement pas.

Ma vie de femme de quarante-cinq ans vaut la peine d'être racontée, comme la vie de nombreuses autres femmes de quarante-cinq ans. Parce que, justement, nous ne sommes pas toutes normales, même si nous donnons toutes l'impression d'être dans la norme, mais nous avons toutes nos différences, nos chromosomes particuliers, notre ADN, nos combats, nos fonctionnements, nos richesses, nos pleurs, nos rires, nos joies, nos égratignures, nos blessures, nos souffrances, nos douleurs, nos passions, nos tripes, nos raisons de vivre et nos amours.

INTRODUCTION

« Je suis hypersensible »

C'est pour moi l'aboutissement d'une très longue recherche. Je viens enfin de découvrir ce qui me caractérise ou, tout au moins, une partie de ce qui me constitue et qui fait que je me sentais si différente, si peu normale justement, si peu adaptée et si éloignée de la majorité de la population. J'ai enfin mis un mot sur la bataille que je mène depuis de si nombreuses années. C'est pourtant un mot que j'utilisais parfois, pour justifier trop rapidement certains comportements ou ressentis, mais sans prendre conscience de sa réelle signification. Sans savoir que depuis plusieurs années, scientifiques, chercheurs, psychologues, docteurs et thérapeutes mènent de véritables études sur cette caractéristique, y consacrent du temps et de l'énergie. Je viens de me rendre compte que je ne suis pas seule à vivre avec cette spécificité. Je peux enfin lâcher les armes, baisser la garde et faire tomber le masque.

« Je suis une hypersensible. »

Ce combat a été un combat avec moi-même, parce que je refusais de tenir compte de ce que je ressentais, de ce que je sentais ou pensais, je refoulais. Parfois, je me disais : « Ce qu'il ou elle m'a dit me fait mal, mais c'est parce que je suis hypersensible » ou « Ce qu'il ou elle m'a fait m'a marquée, je m'en souviendrai toujours, mais c'est parce que je suis hypersensible ». Je me répétais simplement ce que les autres disaient de moi ou pensaient. Mais ni eux ni moi ne connaissions le sens véritable de cette expression, ne saisissions réellement la profondeur de ce que cela recouvre. « Je suis hypersensible » est une expression que je pouvais utiliser comme cela, en l'air, comme une chose gênante, encombrante et dont je voulais me débarrasser. Souvent, les gens l'emploient pour désigner un comportement « hyper » dans un domaine quelconque, cela signifie alors « au-dessus de », ou exprime le plus haut degré dans ce domaine.

C'est plus tard que j'ai découvert qu'« hypersensible » était aussi un mot qui a un sens profond, une caractéristique de la personnalité, avec ses prédispositions, ses troubles et ses origines. Je me retrouvais entièrement dans tout ce qu'englobait cette définition. Les moindres détails faisaient partie de mon quotidien, de ma nature, de mon caractère, de ma chair. Or, j'avais toujours voulu me débarrasser de cette grande sensibilité, toujours cherché à la neutraliser par adaptation à mon environnement. Je la vivais comme une difficulté, un défaut sur lequel je devais travailler. Mais ce que je n'avais pas compris, c'est que cela faisait partie de moi, de chaque cellule de mon corps, de mon cerveau, et que l'on ne s'en départ pas comme cela.

Ce fut la fin de cette croyance dévastatrice que quelque chose n'allait pas chez moi et le début d'une nouvelle vie, un sentiment de renaissance, de simplification.

MON PARCOURS

À l'image de Gerald Shea, qui, persuadé d'être simplement un peu plus lent à comprendre que les autres, a découvert à 34 ans, après de brillantes études et une carrière d'avocat international, qu'il avait une surdité partielle, j'ai moi aussi toujours eu le sentiment d'être différente des autres et de devoir toujours en faire un peu plus que les autres pour y arriver. Je me suis si souvent contrainte à essayer de vivre, de penser, de faire, de ressentir comme les autres, comme si de rien n'était, avec une volonté de fer, en étouffant cette sensibilité à fleur de peau, en endossant une espèce de carapace pour pouvoir avancer. Mais en faisant cela, je me suis niée moi-même. Ce n'est pas ainsi que l'on arrive à s'en sortir, et je n'y suis pas arrivée non plus. On respire mal, très mal. À l'adolescence, j'étais d'ailleurs devenue asthmatique. Mes crises se déclenchaient toujours dans les situations de stress ou d'angoisse. Les poumons ne sont-ils pas la zone de l'émotion ? J'ai vécu les quarante-cinq premières années de ma vie dans l'incompréhension et la méconnaissance de moi-même, avec un seul désir : être comme tout le monde, être acceptée et aimée.

C'est en lisant *Cosmos*, de Michel Onfray, que j'ai découvert cet aphorisme de Francis Bacon : « On ne triomphe de la nature qu'en lui obéissant. »

J'ai alors compris que j'avais vécu contre nature depuis le début et que je devais maintenant m'y soumettre. J'avais vécu toute ma vie dans une volonté d'être et de faire comme les autres, avec l'illusion que cette constante détermination allait me sortir de ma souffrance, et que la vie des autres était plus simple, plus facile et plus légère. Depuis toute petite, je jouais un rôle, celui qu'on m'avait assigné implicitement, celui de faire semblant, faire semblant que tout va bien, même et surtout si cela ne va pas. Puis, adulte, je suis devenue comédienne, sans me rendre compte qu'en réalité, je suivais toujours, mais de manière différente et inconsciente, cette même injonction tacite : jouer un rôle et donc me fuir moi-même. Seulement, en choisissant d'en faire mon métier, je jouais des rôles de façon licite, dans un cadre où il était convenu de le faire, et j'étais ainsi loyale envers moi-même et envers les autres. De plus, cela me permettait de laisser s'exprimer progressivement une part de moi-même, à travers des sentiments et des émotions restés enfouis durant de nombreuses années. Ce n'était encore que par l'intermédiaire d'un personnage, d'un texte ou d'un poème, mais ce cadre artistique m'autorisait à laisser émerger le vivant en moi. Ce n'était qu'une étape, mais une étape indispensable et sécurisante pour commencer le processus de découverte de mon individualité.

Durant toutes ces années, j'ai vécu dans le déni de mes propres envies, j'ai réprimé cette hypersensibilité pour être comme les autres, pour ne pas déranger, pour m'adapter aux souhaits parentaux. J'ai vécu dans l'ignorance de mes propres besoins en refoulant ce que je ressentais, ce que je pensais, en niant mes douleurs physiques ou morales, mes réflexions, mes sensations, mes idées et mes intuitions pour accorder tout mon temps et toute mon énergie aux autres. Aujourd'hui, j'ai décidé de laisser triompher la nature en moi et d'accepter désormais mon hypersensibilité.

Le développement personnel a été pour moi une nécessité. Je n'imaginais pas passer ma vie sans chercher à grandir, à évoluer, à lui donner un sens profond. C'est la raison pour laquelle je suis devenue coach, pour aider les autres à trouver leur propre voie. L'accompagnement de l'autre est une véritable richesse. La rencontre et l'écoute de l'autre, ses objectifs sont pour moi des grandes motivations.

Pour aller à la rencontre du bonheur authentique, je suis passée par toutes sortes de chemins, plus surprenants les uns que les autres, avec leur lot de compréhensions, de déceptions et de désillusions. Je me suis construite seule au fil du temps, des expériences. Je n'ai jamais choisi la facilité dans mes décisions. Quelles que soient les difficultés, mon parcours a toujours suivi le chemin de mon cœur et de la liberté.

POURQUOI J'AI ÉCRIT CE LIVRE

Aujourd'hui, j'avance dans la vie avec davantage de compréhension et je veux continuer à aller plus loin dans l'étude de ce caractère précieux, fin, connecté et spirituel. J'aimerais tellement que toutes les personnes hypersensibles soient enclines à considérer leur trait de caractère comme une qualité. Nous sommes des êtres rares et donc de valeur. Aujourd'hui, j'ai choisi de l'assumer pleinement et ouvertement, et de raconter l'histoire qui me lie à cette nature. C'est aussi une manière d'honorer cette nature qui ne se laisse pas voir à l'œil nu, qui ne s'entend pas, qui ne se goûte pas, qui ne se touche pas, qui ne se prévoit pas, qui ne se calcule pas, et qui n'apparaît dans aucun examen ou bilan biologique de santé, mais qui, subtilement, se ressent et se perçoit si l'on prend le temps de l'observation de soi et des autres. Cette nature qui m'habite et que j'abrite silencieusement et patiemment depuis tant d'années. Nous sommes indissociables, inséparables. J'ai décidé aujourd'hui de l'apprécier, de la comprendre, de la respecter, de l'aimer, et donc de m'aimer.

J'écris ce témoignage pour partager avec tous les hypersensibles, mais aussi tous les non-hypersensibles, des instants de vie qui ont contribué à me faire prendre conscience de ma singularité, restée trop longtemps enfouie. Mais aussi pour affirmer que cette différence est finalement ma plus grande force aujourd'hui. Toutes ces années de recherches acharnées aboutissent enfin à la compréhension et à l'accomplissement. Je veux aussi illustrer, par des événements vécus, des situations du quotidien que d'autres personnes hypersensibles ont probablement déjà vécues ou vivent encore, se sentant en danger, déçues, blessées, incomprises du monde extérieur, qui les regarde souvent comme des êtres étranges, difficiles, insatisfaits... Néanmoins, les attitudes, comportements, réactions et émotions des hypersensibles se justifient, lorsque l'on apprend à comprendre cette spécificité. Enfin, je souhaite donner par ce témoignage un éclairage sur les personnes hypersensibles qui ont un énorme besoin d'amour, de respect, de cohérence, d'harmonie, de tolérance et d'intégrité, et qui ont une relation au monde différente.

Je veux aussi informer les parents afin qu'ils aient des éléments de compréhension et sachent détecter l'hypersensibilité chez leur enfant, et ainsi protéger le plus possible enfants et adolescents des souffrances émotionnelles ressenties lorsqu'on ignore posséder cette singularité. Dans ce récit autobiographique, mon but est non seulement de témoigner de mon histoire, mais aussi de dessiner le portrait d'une personne hypersensible, d'en apporter une représentation globale intérieure et extérieure, de faire connaître et comprendre sa perception du monde extérieur, sa vie intérieure au travers de ses émotions, de ses inquiétudes, de ses peines, de ses grands bonheurs, de ses combats. Je vais donc retracer ici des épisodes de ma vie personnelle, familiale, amicale, sociale, professionnelle et intime, afin de vous donner un éclairage sur une expérience de vie et de développement personnel au regard de l'hypersensibilité. Pour cela, je vous rapporterai dans un premier temps les événements comme je les ai vécus, vus, ressentis, entendus à l'époque où ils se sont déroulés, tels que ma mémoire les a conservés, et, dans un second temps, j'en apporterai une explication, une justification au travers de l'une des caractéristiques de l'hypersensibilité et de ce que j'en ai compris en tant que coach.

Suivent des suggestions dans lesquelles vous ne trouverez pas des recettes toutes faites, des trucs ou astuces, mais des exercices simples, des propositions d'observation de ce qui se passe en vous et à l'extérieur ou des pistes de réflexion pour simplement avancer sur le chemin de l'harmonie.

Écrire ce livre m'a permis de regarder certains événements de ma vie sous le prisme de mon hypersensibilité avec la distance nécessaire, un regard différent, neuf et une subjectivité actualisée. Grâce à mon expérience personnelle et professionnelle, je sais mieux aujourd'hui ce qui est bon et ce qui ne l'est pas pour une personne hypersensible, j'ai une plus grande connaissance de l'environnement dans lequel il est préférable que se trouve un être hypersensible pour mieux vivre avec son hypersensibilité.

Tout ce que je vais vous raconter ici est ma vérité, telle que je l'ai vécue, vue, entendue, ressentie. Elle peut être différente pour une autre personne.

CHAPITRE 1

ÊTRE HYPERSENSIBLE : QU'EST-CE QUE CELA SIGNIFIE ?

Avant de poursuivre ce récit autobiographique, je vous invite à regarder ensemble en quelques mots ce qu'est l'hypersensibilité.

Selon plusieurs sources, une personne sur cinq serait hypersensible. Mais il y en a sans doute beaucoup plus. En effet, de nombreuses personnes hypersensibles essayent de s'adapter, se forcent à vivre comme les autres, et ne savent pas elles-mêmes qu'elles sont hypersensibles. Je suis convaincue qu'il y a aussi beaucoup de personnes hypersensibles qui sont diagnostiquées dépressives parce qu'elles sont différentes et que, ne fonctionnant pas comme les autres ou incomprises de leur environnement familial, professionnel ou social, elles sont mal dans leur tête et dans leur corps.

Encore très mal connue, l'hypersensibilité n'est donc pas encore prise en compte dans le milieu médical. J'ai ainsi rencontré une psychiatre en activité dans un hôpital parisien qui m'a confié ne pas du tout connaître l'hypersensibilité, mais assimiler les caractéristiques que je lui ai décrites à de l'anxiété. Et tout le monde sait comment le corps médical soigne l'anxiété en France. Or, les personnes hypersensibles sont en général aussi très sensibles aux substances médicamenteuses et cela peut avoir sur elles un effet bien différent de celui escompté. Lorsqu'une personne hypersensible est consciente de son hypersensibilité, et qu'elle tient compte de certaines dispositions, l'hypersensibilité peut devenir un véritable cadeau de la vie.

DANS LA LITTÉRATURE

En commençant mes recherches, je me suis aperçue que l'on parlait assez peu finalement de l'hypersensibilité en France, qu'elle semblait même être un peu tabou.

Parmi les auteurs qui ont abordé l'hypersensibilité, j'ai découvert que Carl Gustav Jung, médecin psychiatre suisse, fondateur de la pensée analytique, pionnier de la psychologie des profondeurs et auteur de nombreux ouvrages, était lui-même une personne très sensible. Il a été le premier à parler d'une certaine forme d'hypersensibilité dans ses écrits. Selon lui, l'hypersensibilité est un caractère enrichissant.

Ensuite, j'ai été interpellée par le titre du livre de la psychologue et chercheur en psychologie américaine Elaine N. Aron, *Ces gens qui ont peur d'avoir peur : Mieux comprendre l'hypersensibilité*[2], un ouvrage explicite, sans équivoque, parfaitement clair et exclusivement consacré à l'hypersensibilité, dans lequel j'ai eu l'impression que l'auteur lisait en moi aussi clairement que dans une eau de source. Selon Elaine N. Aron, l'hypersensibilité est un trait de caractère. Elle écrit : « Nous apprenons à considérer notre trait comme une simple caractéristique, ni positive ni négative, utile dans certaines situations, préjudiciable dans d'autres. » Et là, tout s'éclaire, tout s'explique. Tout trouve sa justification, son sens.

J'ai ensuite poursuivi mes investigations en lisant le livre de Saverio Tomasella, un psychanalyste, chercheur en psychologie clinique et écrivain français, *Hypersensibles : Trop sensibles pour être heureux ?*[3], dans lequel il partage les témoignages de ses patients et apporte des éclairages simples et concrets. D'après lui, l'hypersensibilité est un tempérament.

Saverio Tomasella va plus loin dans l'analyse, il est à l'origine d'une nouvelle classification : les personnes « ultrasensibles », qui sont pourvues d'une hypersensibilité associée à une hyperempathie, et a fondé l'Observatoire de l'ultrasensibilité. Parmi les personnes hypersensibles, on distingue : les personnes très sensibles physiquement, dont

2. Les Éditions de l'Homme, 2013.
3. Eyrolles, 2017.

au moins deux ou trois sens (vue, ouïe, odorat, goût, toucher) ont un degré de sensibilité élevé ; les personnes très sensibles émotionnellement, qui sont facilement touchées ou bouleversées par un geste, un mot, une critique, et sont empathiques. Les personnes ultrasensibles, elles, font preuve d'une empathie plus élevée que la moyenne. Elles ressentent les émotions des autres, leurs angoisses, leurs souffrances, leurs stress, mais aussi l'ambiance d'un lieu, d'une pièce et en absorbent l'énergie ou les émotions.

Tous ces auteurs sont d'accord pour dire que l'hypersensibilité ne peut être considérée comme une pathologie, une psychopathologie ou une maladie.

L'origine de l'hypersensibilité varie en fonction des auteurs. Elaine N. Aron pense que l'hypersensibilité est en partie déterminée par la génétique, tandis que Saverio Tomasella considère qu'elle est la conjugaison de plusieurs dispositions personnelles et découle davantage de l'histoire singulière de chaque personne depuis sa vie intra-utérine, de son environnement et de l'influence du contexte familial.

Dans son livre, Elaine N. Aron indique que, selon ses études, les personnes hypersensibles représentent entre 15 % et 20 % de la population. Elle révèle qu'il y a deux types de personnes hypersensibles : les hypersensibles introvertis, qui représentent 70 % des personnes hypersensibles, et les hypersensibles extravertis, qui représentent environ 30 %. Les premières sont généralement des personnes très posées, très tranquilles, qui évitent les situations hyperstimulantes et se satisfont d'une vie simple. Tandis que les secondes sont généralement des personnes qui apprécient la compagnie des autres, une vie sociale riche, qui sont à l'aise dans un groupe, en public, mais qui sont à la fois très méfiantes, très anxieuses ; très curieuses et très audacieuses, elles sont souvent facilement surexcitées ou rapidement blasées. L'auteur explique que la personne hypersensible se caractérise notamment par une disposition du système nerveux à être très sensible aux stimuli externes ou internes. Elle précise aussi que le problème majeur de la personne hypersensible est son absence de frontière, et le fait qu'elle se retrouve souvent embourbée dans les problèmes des autres. Enfin, elle ajoute que le plaisir n'est pas la raison d'être des personnes hypersensibles, mais qu'elles sont très souvent mues par une quête de plénitude, de sens profond dans l'existence, la recherche d'un idéal.

Dans son livre, Saverio Tomasella nous offre son regard de psychanalyste et nous suggère quelques conseils bienveillants pour nous conduire vers davantage d'acceptation. Il invite notamment les personnes hypersensibles à développer une bonne relation avec leur sensibilité en s'autorisant à accueillir leurs émotions.

Puis, je me suis plongée dans le livre intitulé *Adultes sensibles et doués : Trouver sa place au travail et s'épanouir*[4], coécrit par Arielle Adda, l'une des premières psychologues

4. Odile Jacob, 2015.

françaises à s'être intéressées en France aux problématiques des enfants doués, et Thierry Brunel, bénévole d'association depuis trente ans, diplômé de l'ESSEC, titulaire d'un MBA de l'INSEAD et d'une licence de mandarin. Arielle Adda travaille depuis plus de quarante ans avec des enfants et des adultes doués et possède une très grande connaissance de l'hypersensibilité qu'elle retrouve très souvent chez ces « êtres tendres », comme elle les appelle. Dans ce livre, étayé par de nombreux témoignages, elle évoque les difficultés que les personnes douées peuvent rencontrer, notamment dans les domaines relationnel, personnel et professionnel. Elle explique comment combattre l'hypersensibilité, par exemple à l'aide de thérapies comportementales, par la méditation ou la pratique d'un art martial, pour apprendre à ne pas se laisser envahir par des émotions délétères et destructrices. Thierry Brunel donne des conseils pour tracer sa route, trouver sa place et réussir tout en étant en cohérence avec ce que l'on est. Cette découverte a été pour moi une énorme surprise et un immense cadeau.

MA DÉFINITION

Être hypersensible n'est pas une imperfection, n'est pas une faiblesse, n'est pas une fragilité, n'est pas une impression, n'est pas une difficulté et n'est certainement pas une psychopathologie. Ce n'est pas non plus « être fou », ou « être un extraterrestre » comme certains hypersensibles peuvent arriver à le penser parfois, ou comme leur entourage tente aussi quelquefois de le leur faire croire.

L'hypersensibilité dont je vais parler durant tout ce témoignage ne doit surtout pas être assimilée à de la sensiblerie, qui est une forme de sensibilité exagérée ou de fausse affectation. Elle doit également être différenciée de la sensibilité, qui survient lorsque la partie égotique d'un être naturellement détaché de ses émotions, indifférent à son entourage et à tendance apathique, est touchée lors de la perte d'un proche, d'une chute, d'une épreuve, d'une affliction.

L'hypersensibilité est pour moi une singularité précieuse, une hyperprésence au monde, aux autres, à l'environnement et à ce qui n'est pas visible pour l'œil. Je pense que l'origine de l'hypersensibilité est une convergence à la fois du patrimoine génétique, de l'environnement et du contexte familial dans lequel la personne est née et s'est développée.

Durant l'enfance et l'adolescence, l'hypersensibilité peut sembler être vécue de manière naturelle et spontanée, mais, à l'âge adulte, elle peut devenir véritablement embarrassante et très inconfortable dans certaines situations professionnelles, dans les relations sociales et intimes. Lorsqu'elle n'est pas décelée et accompagnée, elle est très souvent vécue aux dépens de l'enfant, de l'adolescent et du jeune adulte qui n'a pas encore véritablement conscience de son originalité, de sa différence. Néanmoins, ces difficultés poussent parfois la personne hypersensible, une fois adulte, à tenter de mieux se comprendre, à trouver les ressources dont elle a besoin et à s'épanouir pour devenir qui elle est. Une fois établie, admise, consentie, l'hypersensibilité peut alors devenir un avantage, un talent, une force.

Trois caractéristiques fondamentales différencient selon moi les personnes hypersensibles des autres personnes.

La première caractéristique est que la personne hypersensible a besoin pour se ressourcer de s'isoler mentalement ou physiquement, de se retirer du monde et d'être libérée de toutes stimulations. Alors que les autres personnes se ressourcent en société, au sein du groupe.

La deuxième caractéristique se situe dans le fonctionnement cognitif de la personne hypersensible, qui se caractérise par des connexions multiples et instantanées des neurones, ce qui se traduit par une pensée « en arborescence ». Tandis que les autres personnes ont un fonctionnement cognitif linéaire, qui se caractérise par des connexions uniques et successives des neurones, ce qui se traduit par une pensée « étape par étape ».

La troisième caractéristique, par ricochet, se situe dans la manière dont la personne hypersensible perçoit le monde et communique avec lui. Son fonctionnement cognitif lui fait voir et sentir très rapidement les choses et les événements de manière globale et intuitive. Alors que les autres personnes ont un fonctionnement cognitif basé sur des raisonnements concrets et tangibles qui leur fait voir le monde et entreprendre les choses de manière logique et rationnelle.

Ainsi l'hypersensibilité nous différencie des autres par notre comportement, par notre manière de voir le monde, d'agir, de communiquer et d'interagir avec les autres, de sentir, d'entreprendre et de percevoir la vie.

CHAPITRE 2

DANS L'ENFANCE, UNE NÉCESSAIRE ADAPTATION

FAUX SELF OU STRATÉGIE D'ADAPTATION

I was born. J'adore cette phrase en anglais. J'aime sa sonorité. Sa douceur dans le « *was* » et sa fermeté dans le « *born* ». Une main de fer dans un gant de velours ou une main de velours dans un gant de fer. C'est peut-être comme cela que l'on peut représenter la personne hypersensible. Une véritable force, une grande détermination, une volonté et une persévérance intérieures élevées, et une grande sensibilité et une énorme empathie extérieure. Mais aussi une telle résistance, une grande force extérieure et une belle capacité de résilience à l'intérieur dans certaines situations. Elle ne lâche rien et va au bout avec une extraordinaire capacité à surmonter les épreuves.

Je suis née. Je suis née à Bergues, petite ville du Nord de la France. Ce qui est bien, c'est que beaucoup de gens connaissent Bergues aujourd'hui grâce à un film qui y a été tourné, mais dont je tairai le nom. Avant, lorsque je disais : « Je suis née à Bergues », les gens me répondaient : « Où ? » Mais maintenant, même dans mon bureau de vote, en Île-de-France, la personne qui a vérifié mon identité m'a regardée et m'a dit avec un large sourire :

– Bergues, vous êtes née à Bergues ?!

– Personne n'est parfait ! lui ai-je répondu.

La pauvre. Ce n'était visiblement pas la réponse qu'elle attendait, mais c'était la mienne. Je commençais à sortir de mon besoin persistant de faire plaisir à l'autre.

Je suis donc née à Bergues, le 26 janvier 1970, la dernière d'une famille de quatre enfants, deux frères et une sœur. J'ai passé la majeure partie de mon enfance, jusqu'à l'adolescence, dans une maison de ville sur la grande place de cette petite commune.

Si l'on croit Saverio Tomasella qui dit que « l'hypersensibilité n'est pas génétique, mais peut découler de l'histoire singulière de chaque personne depuis sa vie intra-utérine, sans oublier les influences possibles du contexte familial », une première question se pose. Mon hypersensibilité pourrait-elle provenir du fait que je suis un accident, une enfant non désirée ? Lorsque j'ai interrogé ma mère, à plusieurs reprises, pour savoir comment s'était passée sa grossesse quand elle était enceinte de moi, ou comment s'était passé l'accouchement, je me suis aperçue qu'elle n'en avait gardé aucun souvenir. Rien… Rien qui puisse m'en apprendre un peu sur mon arrivée dans ce monde, aucune trace dans sa mémoire, aucune réminiscence, rien… Elle ne s'en souvient pas. Seules deux photos restent. Elle me parle à chaque fois des grossesses ou des accouchements d'un autre comme pour s'excuser, mais rien me concernant. Je n'étais pas désirée. Rien ne s'est enregistré dès le départ, ou alors tout s'est effacé au fur et à mesure, tout a été rejeté. Le bébé avec l'eau du bain. Est-ce que le fait de ne pas être un enfant désiré peut être un terrain favorable à l'hypersensibilité ? Ce n'est pas scientifiquement prouvé, mais cela fait pourtant bien partie de la vie intra-utérine d'une personne.

Des souvenirs reviennent lorsque je me laisse aller à penser à ma petite enfance. Une impression floue, un sentiment vague d'une enfance vécue dans un climat de tension, d'angoisse et d'insécurité, et la sensation que cette période n'a été ni réellement heureuse, ni vraiment malheureuse. Mon souvenir le plus lointain remonte à mes six ans, quand un matin d'hiver, j'ai couru dans le très long couloir de marbre noir et blanc, froid et sombre, situé au rez-de-chaussée de notre maison, le cœur rempli de gaieté et de joie pour aller spontanément ouvrir la porte d'entrée à laquelle on venait de sonner, j'ai ouvert cette porte trop grande pour moi et découvert de l'autre côté une scène à jamais gravée dans ma mémoire d'enfant : celle de ma mère qui avait attenté à ses jours. Ces images sont restées de nombreuses années enfouies dans un souvenir confus que j'ai longtemps cru être un cauchemar. Ce n'est que vers l'âge de dix-huit ans que mon plus jeune frère m'a appris, lors d'une banale conversation sur la digue de Malo-les-Bains, que ce que je croyais être un mauvais rêve était en fait bien réel. Mes frères et ma sœur n'avaient rien vu, rien entendu et n'avaient été témoins de rien. J'avais vécu ce drame seule, reçu seule ce choc en pleine face. Personne ne m'en a jamais parlé. Aucun adulte n'est venu me rassurer, me consoler, me sécuriser. Jamais le sujet n'a été abordé à la maison. Personne n'a eu besoin de me dire de me taire. C'était évident. Dès le premier jour, le sujet était clos. Là encore, si l'on en croit Saverio Tomasella lorsqu'il évoque les influences possibles du contexte familial, cette expérience a certainement dû contribuer au développement de mon hypersensibilité. La seule certitude que j'ai, c'est que cette scène m'a instantanément fait perdre le plus merveilleux trésor de l'enfance : l'insouciance. Je devais malgré tout continuer. Au quotidien, d'une manière générale, il n'était pas permis de parler de quoi que ce soit, ni de poser des questions. J'étais une enfant et les trois mots d'ordre étaient : « Chut ! » ; « Tais-toi ! » ; « Ne dis rien ! ». Suivis de très près par : « Fais semblant de rien ! »

Les douleurs et les souvenirs cachés au plus profond de moi-même sont devenus des fantômes qui hantaient mes pensées et ma mémoire. Les années ont passé, et la vie a repris son cours. Mais aujourd'hui, au travers de ce livre, je veux donner voix à celle à qui on a imposé le silence.

MON ANALYSE DE COACH

À défaut de recevoir, naturellement et spontanément, l'amour dont tout être humain a besoin pour se développer et se construire, ou ce qu'Alice Miller appelle le « *bonding* » dans son livre *Le Drame de l'enfant doué*[5], l'enfant va développer et mettre en place un processus qu'elle nomme le « faux self ».

Le *bonding* se définit par une bonne relation affective maternelle, indispensable pour le bon développement d'un enfant, et se caractérise par un contact oculaire et corporel entre la mère et son nouveau-né qui donne à tous deux le sentiment d'être liés. Il procure à l'enfant un sentiment de sécurité et apporte à la mère une assurance instinctive qui l'aide à comprendre les signaux de son enfant et à y répondre. Pour Alice Miller, le *bonding* n'est pas rattrapable ultérieurement.

Le faux self, souvent appelé « faux soi », est un processus de développement d'une personnalité « comme si ». L'enfant le met en place en cas d'absence de *bonding* dès les premiers jours, les premières semaines ou les premiers mois de sa vie. Ce processus consiste à chercher à répondre aux besoins parentaux dans l'espoir d'être aimé en retour. L'enfant va se conduire, se construire de manière à répondre parfaitement aux besoins de ses parents, à ne montrer que ce que ses parents attendent de lui et à s'identifier complètement à cette apparence. Son « vrai soi » ne pouvant être vécu, il ne peut se développer et ne peut se différencier.

Certaines personnes hypersensibles ont enduré dès leur plus tendre enfance des situations difficiles qui les ont obligées à se créer une véritable carapace, à se protéger émotionnellement. →

5. PUF, 2e édition, 2013.

Bien souvent, elles ont fait face très tôt à des responsabilités qui les ont privées de l'insouciance et de la légèreté propres à l'enfance.

L'enfant hypersensible est tellement en empathie avec les autres que, très souvent, sans s'en apercevoir, il souffre plus de la souffrance des autres que de la sienne, parce qu'il n'a pas de filtre et ne fait pas la différence entre sa propre souffrance et celle de l'autre. De plus, s'il a grandi dans un environnement en quelque sorte hostile à sa sensibilité, au contact de personnes insensibles, dures, indifférentes, dotées d'un fort caractère, voire avec des personnes toxiques, l'enfant hypersensible a dû se forger une carapace très épaisse pour survivre. Toute la difficulté pour cet enfant hypersensible devenu adulte sera de se débarrasser de cette carapace et de se reconnecter à ses propres émotions, à ses propres besoins, à son cœur, à ses désirs, à son intériorité, à lui-même, et de s'accomplir.

PLACE À L'ACTION !

Pour quitter ce faux self, la première chose est de revenir à vous. Prendre conscience de votre hypersensibilité, la reconnaître, l'accueillir, l'accepter et l'honorer. Tout d'abord en lisant des livres sur l'hypersensibilité et en listant les points dans lesquels vous vous retrouvez. Puis en accueillant chacun de ces points en les regardant comme étant des caractéristiques précieuses et en leur trouvant un côté positif.

- Quels sont les points dans lesquels je me reconnais ?

....

....

....

EXTRAVERTI-INTROVERTI

Mes parents étaient coiffeurs et travaillaient ensemble dans leur propre salon de coiffure, un côté femme et un côté homme, situé au rez-de-chaussée de notre maison. Après des études de comptabilité, ma mère est devenue ensuite coiffeuse en épousant mon père. Celui-ci avait appris la coiffure chez son oncle, comme apprenti coiffeur, et, à vingt et un ans, il avait souhaité avoir son propre salon de coiffure. Ils travaillaient tous les deux beaucoup et n'avaient pas vraiment le temps de s'occuper de nous. Nous étions gardés, nourris, couchés, soignés, vingt-quatre heures sur vingt-quatre, par des jeunes femmes qui vivaient chez nous et rentraient chez elles le dimanche. Un peu comme les jeunes filles au pair d'aujourd'hui. La seule différence était qu'elles n'habitaient pas très loin de chez nous, généralement à la campagne, et dans la plupart des cas, elles n'avaient pas eu la chance de faire des études et par conséquent n'avaient pas de diplômes. Elles étaient gentilles, bonnes et courageuses. Mes parents les logeaient, les nourrissaient, leur donnaient quelques bases d'éducation, d'organisation et leur apprenaient parfois même un peu à lire ou à compter. Certaines de ces jeunes femmes ont passé plusieurs années chez nous pour nous élever. Quelques-unes restaient plus longtemps que d'autres et l'on pouvait alors nouer des liens, mais comme j'étais très jeune, j'ai très peu de souvenirs.

J'étais une enfant débrouillarde et décidée, que l'on pourrait qualifier d'extravertie, si l'on se réfère aux types d'hypersensibles d'Elaine N. Aron cités plus haut. J'étais toujours prête à faire des plaisanteries. Je me souviens aussi de moments très agréables partagés avec mon frère, de 364 jours mon aîné et que les gens prenaient souvent pour mon jumeau. Nous étions très proches tous les deux, on nous appelait « les petits ». Le dimanche après-midi, il nous arrivait de regarder *Trente millions d'amis*, l'émission sur les animaux, blottis l'un contre l'autre dans un fauteuil trop étroit. J'étais bien à ses côtés, il était calme, serein et silencieux. Il m'arrivait souvent de l'embarquer dans des jeux interdits, comme lorsque nous nous amusions à jeter de l'eau sur la tête des passants par la fenêtre du premier étage les jours de marché pendant les grandes vacances. C'étaient de véritables moments de bonheur et de fous rires partagés. En revanche, ma sœur, de sept ans mon aînée, avait des jeux tout à fait différents. Elle s'amusait à la coiffeuse en s'exerçant sur ma tête dans le salon de coiffure de mes parents et je devais alors passer des heures sous un casque trop chaud, sans rien dire. Ou lorsqu'elle prenait un plaisir particulier à m'immobiliser sur ses genoux et à me mordiller les lobes d'oreilles jusqu'à ce que je pleure, ou encore quand elle prenait son bain, après avoir verrouillé la porte de la salle de bains pour que l'on ne puisse pas entrer, et qu'elle criait « Au revoir, je pars avec l'eau du bain, je m'en vais. Je ne reviendrai plus, adieu », jusqu'à ce que, impuissante et effrayée, je me mette à pleurer et à l'appeler en tapant sur la porte : « Au secours, non, non, reste avec nous, reviens ! » Je n'ai aucun souvenir de jeux avec mon deuxième frère de six ans mon aîné, mais je me souviens parfaitement que je ne devais pas sortir de table s'il était assis à côté de moi ; autrement, lorsque je revenais, mon assiette était vide.

Je conserve néanmoins de Bergues un merveilleux souvenir, même si je repense avec nostalgie aux cloches du beffroi sonnant le soir, lorsque j'étais déjà couchée et que je me sentais profondément triste. Il me semble parfois avoir vécu une enfance pas tout à fait comme les autres, et pas tout à fait comme celle de mes frères et de ma sœur qui n'avaient pas vu ce que j'avais vu. Pour l'enfant hypersensible que j'étais, beaucoup de choses, d'événements et de situations avaient une résonance si différente ! Seulement, j'étais une petite fille tellement débrouillarde, souriante et audacieuse que personne ne se rendait compte ni ne se doutait de ce que je vivais intérieurement. Ce sentiment d'inquiétude et de peur me quittait rarement. C'est ce qui, à l'âge adulte, m'a poussée à en chercher la cause.

MON ANALYSE DE COACH

Un enfant hypersensible peut être introverti ou extraverti, et il y a une vigilance à avoir et des précautions à prendre en tant que parents.

L'introversion permet plus facilement aux adultes de se rendre compte de l'hypersensibilité d'un enfant. C'est un enfant plus calme, en retrait, solitaire ou qui a seulement un ou deux copains, qui lui ressemblent en général. Les parents considèrent alors leur enfant plus comme un enfant « à part » et par conséquent cherchent à le protéger davantage.

À l'inverse, l'extraversion va laisser croire aux adultes que l'enfant hypersensible peut recevoir les événements comme tous

→

les autres enfants. Elaine N. Aron établit que seuls 30 % des hypersensibles sont des extravertis, les extravertis sont donc moins nombreux que les introvertis. Mais l'enfant hypersensible extraverti est plus en danger parce qu'on ne perçoit pas sa souffrance, ses parents pensent donc moins à le préserver.

Des situations qui semblent anodines pour un enfant moins sensible peuvent être vécues et ressenties d'une grande cruauté pour un enfant hypersensible. C'est pour cela qu'il est important de détecter le plus tôt possible l'hypersensibilité d'un enfant afin d'éviter qu'il enregistre ces situations traumatisantes. Il faut lui apporter toutes les explications nécessaires à sa qualité d'hypersensible et lui façonner un environnement le plus sécurisant et bienveillant possible. Nous ne pouvons certainement pas éviter tous les événements difficiles et douloureux de la vie d'un enfant, mais nous pouvons lui créer des conditions de vie adaptées, lui expliquer et le rassurer.

PLACE À L'ACTION !

Pour accompagner votre enfant hypersensible, je vous invite à vous rendre disponible pour l'écouter, le rassurer, lui expliquer les choses et les événements. Les enfants hypersensibles sont généralement des enfants anxieux qui ne manifestent pas toujours leurs émotions, mais que vous pouvez aider en les rassurant et en leur posant des questions simples sur ce qu'ils ressentent.

- Les questions que je peux poser à mon enfant :

....

....

....

BESOIN D'ÊTRE AIMÉ

C'est donc très tôt que j'ai compris que j'allais devoir compter uniquement sur moi-même et que ce dont j'avais besoin, j'allais devoir l'obtenir seule. Je me suis alors forgé une volonté de fer pour accomplir tout par moi-même. D'autant que, étant la cadette, je devais suivre et m'accrocher. Je me mettais une grande pression pour arriver à mes objectifs. Souvent, je faisais le pitre, notamment à l'école ou à l'extérieur de la maison, pour attirer l'attention des autres dans le but tout simplement de trouver de l'affection, de la tendresse et de combler cet insatiable besoin d'être aimée.

Ce besoin d'attention et d'amour, je ne savais pas l'exprimer, on ne m'avait pas appris à le manifester et cela ne faisait pas partie des choses importantes à la maison, c'était plutôt perçu comme quelque chose d'accessoire. Ce besoin s'exprimait alors sous des formes diverses, et notamment par l'amusement, toujours dans l'espoir d'être appréciée et aimée. Je n'hésitais jamais à faire le clown devant mes camarades de classe, quelles que soient les conséquences. Cela marchait en général assez bien. Certains de mes anciens professeurs vous diraient que j'étais une élève dissipée, indisciplinée et perturbatrice ; d'autres, au contraire, que j'étais une bonne élève, avec des capacités et même avec certaines facilités. Je n'étais encore qu'une adolescente et les adultes autour de moi étaient très pris par leurs préoccupations, leur travail, et ne prenaient pas le temps de s'intéresser, de me questionner sur mes goûts, mes aspirations, mes bonheurs et mes peines. C'est sans doute une affaire de génération : à une époque, dans certaines familles, les enfants devaient suivre, avancer et surtout ne pas poser de problèmes. Alors j'essayais de me conformer à cette injonction tacite.

MON ANALYSE DE COACH

Le besoin d'être aimé chez la personne hypersensible est un besoin vital, fondamental. Ce besoin est certes présent chez tous les êtres humains, mais à différents degrés. La personne hypersensible a un besoin constant de se sentir aimée, protégée et en confiance. Elle est continuellement en recherche chez l'autre de marques d'affection, de gestes tendres et d'approbation, mais elle remarque aussi le manque d'intérêt, les reproches et parfois se focalise dessus. À tel point que, parfois, elle recherche l'attention des autres par n'importe quel moyen, ce qui est extrêmement fatigant pour elle, mais aussi terriblement frustrant parce qu'elle ne réussira nullement à combler son manque affectif de manière définitive. En effet, ces stratégies sont vaines, car le besoin d'amour est impossible à combler de l'extérieur. La personne hypersensible doit commencer par s'aimer elle-même avant de chercher à être aimée des autres. La personne hypersensible ne peut pas vivre sans être aimée et ne peut pas vivre sans aimer. Le manque d'amour peut la faire dépérir, mais elle est capable de reprendre très vite goût à la vie dès que l'amour réapparaît. C'est un être qui se laisse guider par son cœur.

PLACE À L'ACTION !

Observez votre comportement quand vous êtes en société, avec votre famille ou au travail. Est-ce que les relations sont équilibrées ? Est-ce que vous ne donnez pas plus que ce que vous recevez ? Attendez-vous plus de l'autre que ce qu'il vous donne ?

- Et enfin, réfléchissez à la personne dont vous devriez rechercher le plus l'affection ?

....

....

....

LES DIFFÉRENTES STRATÉGIES DE PROTECTION

Un jour, en classe de troisième, est arrivé le temps de formuler mon choix d'orientation. Au moment de remplir la feuille de vœux, je me souviens que mon regard s'est évadé à l'extérieur des murs de la classe, s'est dirigé vers la cour de récréation, puis est monté vers le ciel pour se fixer sur un nuage. Je me suis surprise à rêver… À rêver de ce que je pourrais inscrire sur cette feuille, des possibilités qui s'ouvraient à moi, de ce que je pourrais faire de ma vie professionnelle… Je rêvais d'être comédienne ou star de cinéma, de faire partie d'une compagnie de théâtre, de partir en tournée, en voyage, et d'être aimée de tous. En redescendant un peu de mon nuage, de manière un peu plus posée ou réaliste, je m'imaginais être avocate, défendre d'honnêtes gens, venir en aide aux plus faibles, être vêtue d'une grande robe noire et déclamer de remarquables plaidoiries. J'avais envie de faire des études, d'aller à la faculté, de fréquenter les amphithéâtres, d'apprendre plein de choses, j'avais une envie d'ailleurs, mais aussi une grande soif de connaissances. Je rêvais d'être journaliste, d'aller vers les gens pour recueillir des interviews… Rapidement rappelée à l'ordre par le professeur, j'ai finalement rangé mon formulaire encore vierge dans mon cartable et décidé de le remplir le soir même à la maison.

Ce soir-là, je suis allée retrouver ma mère à la cuisine avec l'intention de lui poser la question de mon orientation. Tout en cherchant à ne pas la déranger, et à ne pas prendre trop de place, j'ai sorti la feuille à remplir de sous la table et je lui ai annoncé rapidement, comme pour m'en débarrasser, comme si le sujet n'avait aucune importance :

– Tiens, nous avons eu notre feuille d'orientation, aujourd'hui.

– Ah ! a-t-elle répondu en continuant ce qu'elle était en train de faire.

– Qu'est-ce que je mets ? lui ai-je demandé avec de grands espoirs d'aventures.

– Bah ! Coiffeuse. Pourquoi ? m'a-t-elle immédiatement répondu.

« Coiffeuse. Pourquoi ? » Comme si la question ne se posait même pas. Comme si c'était une évidence. Petite, j'avais travaillé dans le salon de coiffure de mes parents, enlevant les bigoudis des clientes ou pliant les serviettes, j'avais aussi coupé les cheveux de mes poupées et eu une tête de coiffeuse en jouet sur laquelle je m'amusais à la coiffeuse. La conversation était donc close. J'allais être coiffeuse. Nulle discussion n'était envisagée, et visiblement aucune remise en question n'était possible. Stupéfaite, je suis restée muette, je n'ai même pas essayé de dire que j'avais envie d'autre chose. Dans ma tête, l'idée d'être coiffeuse n'était pas totalement exclue, et cela semblait si évident pour ma mère que je n'ai surtout pas voulu la contrarier, ni même lui mettre le doute. Je me suis dit que mon envie d'être comédienne était probablement farfelue et que celle d'être avocate était certainement idéaliste, alors je n'ai rien dit et j'ai laissé ma mère décider pour moi.

« Bah ! Coiffeuse. Pourquoi ? » Cette seule phrase, le ton de la voix et le manque d'intérêt pour ce qui me faisait envie en disaient long et ont immédiatement brisé mes rêves de théâtre, de cinéma, de droit et de journalisme. C'était comme si tout avait été décidé d'avance, pour moi, mais sans moi. Non, rien de tout ce que j'avais imaginé n'était plus envisageable. J'ai finalement consenti trop vite à cette décision, prise sur un coin de table de cuisine en moins de trois minutes. Je me suis ensuite trop rapidement faite à l'idée d'être coiffeuse, à cette prudente solution qui était assurément la plus simple et la plus réaliste. Mon père était coiffeur, ma mère était coiffeuse, ma sœur était coiffeuse, j'allais donc à mon tour devenir coiffeuse. Selon mes parents, c'était probablement le meilleur choix. Ils connaissaient le métier, ils savaient ce que je devais faire et par où je devais commencer. C'était rassurant. J'avais à peine quinze ans, et mon avenir qui semblait tout tracé me donnait à la fois un sentiment de sécurité et d'anxiété oppressante.

J'aurais dû leur dire ce dont j'avais envie, mais je n'ai pas pu et pas su le faire. C'est ainsi. Dans de nombreuses familles, les enfants faisaient ce que les parents leur disaient de faire, ils obéissaient, un point c'est tout. Beaucoup de parents décidaient ainsi pour leurs enfants. Ils reproduisaient les schémas éducatifs hérités de leurs propres parents. Ils n'interrogeaient pas la personne concernée sur son avenir, et ne se posaient pas non plus la question de savoir si c'était une question à se poser. Je croyais que mes parents savaient mieux que moi ce que je devais faire, ce qui était bon pour moi. Enfant hypersensible, je cherchais à ne pas compliquer les choses. Je n'ai donc rien dit et j'ai écrit trois fois « Coiffeuse » sur la feuille d'orientation, pour les trois choix possibles. Comme ça, c'était réglé. Cela voulait bien dire ce que cela voulait dire : c'était cela et rien d'autre. Et cela traduisait parfaitement ce que j'avais ressenti.

C'est ainsi qu'en sortant de troisième, à quinze ans, j'ai fait une demande d'entrée en apprentissage de coiffure. Seulement, mes parents, qui avaient déjà embauché ma sœur, m'ont dit de chercher un contrat d'apprentissage ailleurs. J'ai donc suivi toute ma formation en dehors du salon familial.

MON ANALYSE DE COACH

Une partie des personnes hypersensibles mettent spontanément en place des stratégies d'adaptation durant l'enfance pour pouvoir survivre à certaines situations, à certains contextes ou personnalités. Elles y ont également recours parce qu'elles se sentent différentes des autres, dans leurs ressentis, leurs émotions, leurs réactions face à ces situations, sans pouvoir identifier ou nommer leur problème.

Il existe différentes stratégies d'adaptation :

➢ **Stratégie de protection :** La personne hypersensible va mettre en place un système de protection très puissant pour se protéger physiquement, mais surtout émotionnellement. Elle va se construire une sorte d'armure, de carapace, pour pouvoir avancer et tenir le coup dans ce monde à la fois hostile et complexe, où elle ne se sent pas en sécurité et dans lequel elle ne se reconnaît pas. Cette protection va lui permettre d'être moins affectée et touchée émotionnellement, affectivement et psychologiquement par les remarques d'autrui. Elle va alors avancer dans la vie, telle une guerrière, et affronter chaque étape avec courage, volonté et force. Mais cette stratégie a ses limites. À un moment donné, souvent dans la vie d'adulte, lors d'une épreuve (divorce, décès, licenciement, burn-out...), les émotions resurgissent de manière désordonnée et intense, et brisent progressivement l'armure ou la font exploser d'un coup, rappelant à leur hôte qu'elles existent et qu'elles souhaitent être entendues.

➢ **Stratégie d'imitation :** La personne hypersensible va, pour réduire le décalage avec les autres, observer ce qu'ils font et agir de même. Elle va faire les mêmes choix qu'eux, adhérer à leurs goûts, à leurs idées, même si elle n'est pas en accord

→

avec eux au fond d'elle-même. Elle adopte bien souvent cette stratégie dite « d'imitation » après avoir vu rejetées ses propositions de jeux, ses idées, ses initiatives. Elle va alors développer la croyance selon laquelle ses propositions sont nulles ou n'ont pas de valeur. La conséquence de la stratégie d'imitation est une diminution progressive de l'estime de soi et de ses capacités à faire des choix par soi-même.

➢ **Stratégie d'adaptation :** La personne hypersensible va, pour se protéger, répondre aux besoins et attentes des autres avant de satisfaire les siens propres. L'inconvénient de cette stratégie, très altruiste au premier abord, est que la personne va se déconnecter progressivement d'elle-même, de ses besoins, de ses envies et finalement se perdre.

➢ **Stratégie de retrait ou d'évitement :** La personne hypersensible va, pour se protéger et éviter la confrontation, la critique ou la discussion, progressivement s'isoler des autres, vivre dans son monde parfait, parce qu'elle se sent trop différente et n'arrive pas à se faire comprendre ou même à trouver des alliés, des ami(e)s, des camarades tout simplement. La complication de cette stratégie est l'isolement, car plus la personne s'isole, plus elle va avoir des difficultés à nouer des relations saines et équilibrées.

On le voit, chacune de ces stratégies, efficaces un temps, a sa propre limite. Il arrive aussi que la personne hypersensible passe d'une stratégie à l'autre, toujours dans l'intention de trouver un moyen d'être plus ou moins comme les autres, mais avant tout pour se protéger de ce monde inhospitalier.

PLACE À L'ACTION !

Vous reconnecter à votre intériorité et aller à la rencontre de vous-même. Cela consiste à rentrer à l'intérieur de vous pour lister vos goûts, vos envies, vos besoins, vos attentes, vos choix, et observer si vos actions habituelles sont en cohérence avec ce que vous avez noté.

- Je liste mes goûts, mes besoins, mes choix, mes envies... :

....

....

....

....

CHAPITRE 3

J'AI VÉCU UNE ADOLESCENCE SÉRIEUSE, ESPIÈGLE ET... DÉSENCHANTÉE

RÉSISTANCE À L'AUTORITÉ

Une fois que j'ai eu accepté de devenir coiffeuse, j'ai tout mis en œuvre pour y arriver. J'avais un seul objectif. Réussir.

La formation de coiffure en contrat d'apprentissage nécessite de partager son temps entre le salon et le centre de formation d'apprentis (CFA). Nous avons rapidement trouvé un salon de coiffure qui accepte de me prendre en contrat d'apprentissage. C'était un petit salon, aux alentours de Dunkerque, dans lequel le patron travaillait avec une seule employée. Lui, un homme passionné par son métier, sympathique, drôle et bon pédagogue, avait la réputation d'être un excellent technicien en coupe de cheveux ; elle, accueillante et douce, était une bonne professionnelle. Les moments passés au salon étaient instructifs et joyeux. Le patron veillait à m'enseigner les différentes techniques de couleur, de permanente, de mèche et de coupe de cheveux. Les clients l'appréciaient beaucoup pour son talent et ses plaisanteries. L'ambiance était vraiment agréable. Comme j'étais une jeune fille rigoureuse, travailleuse et appliquée, que je ne comptais pas mon temps et que je n'avais besoin de personne pour me mettre au travail lorsque la matière me plaisait, je suis entrée dans la vie professionnelle avec une grande facilité, à seulement quinze ans. En revanche, il était plus difficile pour moi d'aller au CFA et de retrouver un cadre scolaire, avec toutes les contraintes d'autorité ou de discipline que cela comportait.

Je fréquentais l'école de coiffure de Wormhout, une petite ville située à quelques kilomètres de Dunkerque, dans laquelle l'un des professeurs de pratique de coiffure était mon parrain. C'était un ami de mes parents, avec qui nous n'avions pas de lien de parenté. Je l'ai donc retrouvé en cours de pratique de coiffure. Sans que nous ayons eu besoin d'en parler auparavant, il a toujours fait avec moi comme avec les autres élèves. Il était professionnel, loyal et d'une grande gentillesse. Son autorité naturelle et sa douceur ont fait que j'ai toujours eu énormément de respect pour lui et que je ne voulais pas le décevoir par mon travail.

Néanmoins, d'autres professeurs étaient beaucoup plus exigeants avec moi qu'avec les autres élèves. À partir du moment où certains êtres humains ont un pouvoir, ils peuvent n'avoir aucun scrupule à l'exercer sur autrui. Seulement, comme je suis hypersensible, mais pas faible, je ne me laissais pas impressionner. C'est comme cela qu'il m'est arrivé plusieurs fois de défier l'autorité lorsque je considérais que celle-ci n'était pas légitime. Comme cette fois en cours de dessin, où j'ai diverti la classe et satisfait en même temps mon besoin d'être aimée.

Ce jour-là, un grand silence régnait dans la salle, et pendant que nous nous appliquions sur nos dessins respectifs, je commençai à fredonner à voix basse la chanson *Les Bêtises* de Sabine Paturel. À cette époque, le calme m'angoissait terriblement, je n'avais pas encore pris conscience que ce besoin de bruit permanent était un moyen d'étouffer la petite voix intérieure qui m'interpellait sur ce qui était bon pour moi.

À cet instant, le professeur vint vers moi et me demanda d'arrêter. Je cessai donc de chantonner, mais, plutôt joueuse, dès qu'il s'éloignait, je recommençais. Cela faisait rire la majorité des élèves, ce qui m'encouragea à continuer.

Le professeur me dit alors :

– Eh bien, Mademoiselle Claeyssen, en insistant bien sur mon nom de famille, puisque vous tenez tant à chanter, vous allez vous mettre debout sur votre chaise et continuer à chanter pour que tout le monde vous entende !

En prononçant ces mots, il m'avait prise par le bras, et, en serrant très fort, m'avait fait sortir de ma place et mettre debout sur ma chaise. Contre toute attente, je ne me démontai pas, je dégageai mon bras, je me redressai et décidai, une fois sur la chaise, de monter sur la table en disant :

– Oui, mais comme je suis toute petite et que la chaise n'est pas très haute, je vais monter sur la table, comme cela tout le monde en profitera !

Du haut de ma scène improvisée, en faisant attention à ne pas abîmer mon dessin, je recommençai à chanter. Je ne me sentais pas très à l'aise dans cette situation, aussi ai-je commencé à chanter à voix basse. Je m'attendais à ce que le professeur me dise de descendre rapidement, ce qu'il ne fit pas immédiatement. Alors, les rires et les sourires me donnèrent de l'assurance, et l'amusement général me procura un plaisir certain, une joie sincère.

Surpris et décontenancé, le professeur m'ordonna d'arrêter et de descendre de la table immédiatement.

Mais je lui répondis :

– Ah non ! Vous m'avez demandé de monter sur la chaise pour chanter, la chaise étant trop basse, je suis montée sur la table. Maintenant que j'y suis, laissez-moi chanter ma chanson jusqu'au bout !

Alors, il me tira par les bras, par les pieds, me sommant d'arrêter. Je terminai néanmoins ma chanson, puis je descendis de la table et me remis à mon dessin comme si de rien n'était. J'étais alors capable de passer des rires aux larmes très rapidement et avec le plus grand sérieux. C'est ce que l'on appelle un « double-take » dans le langage théâtral, un changement d'expression du visage ou d'émotion du personnage extrêmement rapide. Je faisais les choses sérieusement, mais je ne me prenais pas au sérieux.

J'étais une élève dissipée, indisciplinée, mais très sérieuse dans mon travail. Je n'appréhendais jamais les interrogations surprises parce que mes leçons étaient généralement parfaitement sues, mes devoirs faits de façon impeccable, mes dessins en constante progression même s'ils n'étaient pas parfaits. Je me plaçais habituellement devant pour bien entendre la leçon et ne pas être dérangée. Je m'efforçais de comprendre les matières plus difficiles pour moi, telles que les mathématiques, et, en pratique de la coiffure, j'essayais de faire preuve de précision, de technicité et de rapidité de compréhension. J'avais une grande volonté de réussir pour satisfaire mes parents, pour qu'ils soient fiers de moi. J'ai ainsi obtenu mon CAP mixte en deux ans au lieu de trois. Et mon brevet professionnel du premier coup. Le taux de réussite au brevet professionnel cette année-là était de 1 %. J'étais le un pour cent.

MON ANALYSE DE COACH

La personne hypersensible peut encore avoir dans sa vie d'adulte quelques difficultés avec une certaine forme d'autorité. Cela tient au fait que l'enfant ou l'adolescent hypersensible possède généralement des valeurs d'intégrité, de justice, et fonde son rapport à l'autre et à l'autorité à partir du principe de respect mutuel. L'autorité de l'adulte sur l'enfant basée sur ce respect mutuel peut être immédiate et naturelle.

En revanche, l'autorité qui n'est pas fondée sur ce principe de respect et qui s'apparente plus à une forme d'autoritarisme, dépourvu d'empathie et d'intelligence, ne fonctionne pas. L'enfant ou l'adolescent hypersensible extraverti va continuellement questionner cette autorité et la défier. Elle peut cependant davantage fonctionner avec l'enfant ou l'adolescent hypersensible introverti qui, lui, va observer sans rien dire, encaisser sans contester et obéir sans approuver, mais va parallèlement se construire une carapace pour se protéger.

PLACE À L'ACTION !

Lorsque vous avez un enseignant ou un supérieur hiérarchique qui fait preuve d'autorité sur vous, je vous invite à éviter de réagir sur le moment, mais plutôt à vous laisser le temps de la réflexion avant d'intervenir. Puis, le lendemain, écrivez la scène telle que vous l'avez vécue, ressentie, et le surlendemain, écrivez cette même scène du point de vue de cette autre personne. Observez les deux points de vue. Qu'en pensez-vous ?

- Mon point de vue :

....

....

- Le point de vue de mon interlocuteur :

……………………………………………………………………………………

……………………………………………………………………………………

- Qu'est-ce que je décide ?

……………………………………………………………………………………

……………………………………………………………………………………

PERTE DE CONFIANCE EN SOI : LES MOTS QUI BLESSENT

Rien n'était pourtant gagné d'avance pour arriver à ces deux succès. Il m'a fallu passer par de nombreux tourments et développer des forces toutes particulières pour surmonter des phrases ou mots blessants prononcés par des personnes chères.

Comme ce matin du printemps 1987, quelques jours avant la première épreuve de mon certificat d'aptitude professionnelle mixte de coiffure, où j'étais contente d'être avec mon père et à qui je confiai soucieusement :

– J'espère que je vais avoir mon CAP.

Ce à quoi il me répond de but en blanc, sans un regard :

– Toi, ce n'est pas grave ! Mais il faut que ton frère, lui, ait son bac.

Ces mots m'ont fait l'effet d'une guillotine. J'avais la sensation d'avoir la tête tranchée. Je me sentais semblable à une poule à qui l'on vient de couper la tête, mais qui continue à avancer. Elle avance sans voir où elle va, son corps avance, mais le cerveau n'est plus irrigué. J'étais incapable de réfléchir, de dire quoi que ce soit, j'étais stupéfaite. Je ne m'attendais tellement pas à cette réponse.

Que répondre à cela ?

« Toi, ce n'est pas grave ! »

En l'espace de quelques secondes, voilà quel a été le cheminement progressif, la résonance de cette phrase qui a vibré et retenti dans ma tête :

Toi, ce n'est pas grave.

Toi, tu n'es pas grave.

Toi, ce n'est pas important.

Toi, tu n'es pas importante.

Toi, on s'en fout.

Ce que tu fais est moins important
que ce que fait ton frère.

Tu es moins importante que ton frère.

Ce que tu fais n'est pas important.

Toi et ton CAP coiffure ne sont pas importants.

Toi et ton CAP coiffure, je m'en fous.

Je m'en fous de ce que tu fais.

Je m'en fous de tes résultats.

Tu n'es pas importante.

Je m'en fous de toi.

J'ai longtemps souffert de phrases que mon père a pu prononcer et qui sont restées longtemps gravées dans ma mémoire. À l'âge de onze ans, par exemple, je m'étais fait opérer d'un kyste à l'œil gauche sous anesthésie générale. Au réveil de l'opération, je suis restée seule dans ma chambre jusqu'au soir. Le jour où l'on devait me retirer les fils, ma mère m'a déposée à la clinique tôt le matin, et c'est mon père qui devait venir me chercher, mais il n'est jamais venu. Après avoir attendu plus de deux heures et demie dans la salle d'attente, les personnes de l'accueil ont fini par me laisser partir seule. J'ai pris le bus pour la première fois et je suis rentrée chez moi, toute seule. Le soir, j'ai demandé à mon père s'il n'avait rien oublié dans sa journée et il m'a répondu que non, il n'avait rien oublié. Je lui ai alors dit : « Si, moi, tu devais venir me chercher à la clinique après qu'ils m'ont retiré les fils ». Sa réponse a été : « Tu as su revenir toute seule, donc je n'avais pas besoin de venir te chercher. »

Autre exemple, cette fois lors d'un repas à la maison avec des amis. Mon père était en train de découper un ananas pour le dessert, lorsqu'il m'a demandé si j'en voulais, je lui ai répondu que je préférerais le garder pour mon petit-déjeuner du lendemain parce qu'il était tard et que je souhaitais aller me coucher. Le lendemain matin, ne trouvant pas l'ananas dans le frigo, je suis allée demander à mon père où il l'avait rangé. Il m'a répondu : « Je l'ai mangé. Je l'ai fait exprès. Tu n'avais qu'à le manger hier soir ! »

Un dernier exemple de remarque dont mon père était coutumier. C'était à une période où je montais à cheval tous les dimanches avec une amie. Un jour que j'avais oublié mes clés, j'ai dû sonner pour rentrer à la maison. Mon père est venu m'ouvrir la porte et m'a dit :

– Bah, tu es là, toi ! Tu n'es pas encore tombée de ton cheval ?

– Non, pourquoi ? lui ai-je demandé, surprise.

– J'aimerais bien que tu tombes ! m'a-t-il répondu.

MON ANALYSE DE COACH

Ce type de phrases prononcées par une personne importante aux yeux de l'hypersensible, qu'il soit enfant, adolescent ou adulte, peuvent le marquer tout au long de son parcours. Ces mots ou ces phrases qui résonnent dans son esprit comme un écho incessant vont induire une dévalorisation et progressivement devenir des croyances limitantes. Une croyance est une certitude plus ou moins grande par laquelle l'esprit admet la vérité ou la réalité de quelque chose. Elle peut devenir un frein car elle va orienter la personne dans sa manière de se voir, de se percevoir et de se présenter. Elle va peu à peu entamer son estime de soi.

Les enfants hypersensibles se prennent ces phrases de plein fouet, alors qu'un autre enfant n'y accorderait probablement aucune importance. Ils n'ont pas de filtre, pas de protection. Ils n'ont pas construit de défense et n'ont pas le recul nécessaire sur les choses, sur ce qu'ils entendent, sur ce qu'ils ressentent. C'est comme s'ils étaient projetés dans la vie comme dans une jungle et qu'on leur disait : « Allez, vas-y, va te promener, tu vas voir, c'est génial ! » C'est en partie une conséquence du manque d'explications claires de la part de l'adulte aimé. Les adultes prennent rarement le temps d'expliquer précisément aux enfants le fond de leur pensée, le pourquoi et le comment. Ils prennent rarement le temps d'expliquer tout simplement ce qu'ils veulent dire avec précision. Ils parlent trop rapidement, prononçant les mots comme ça leur vient, sans réfléchir aux conséquences et à l'impact que ceux-ci peuvent avoir sur l'enfant. Pour certains parents, les enfants font simplement partie du décor, les enfants doivent suivre sans rien dire. Certains adultes oublient même la fragilité de l'enfant, ils oublient que celui-ci découvre la vie et qu'il ne sait pas tout, qu'il faut par conséquent lui expliquer certaines choses, ou au contraire l'en préserver. Les adultes oublient trop rapidement ce qu'ils auraient aimé qu'on leur dise, ce qu'ils auraient aimé qu'on leur explique lorsqu'ils étaient petits et comment ils auraient aimé qu'on les écoute et qu'on les rassure.

De nombreux hypersensibles adultes vivent au quotidien avec des mots, des phrases que des personnes importantes à leurs yeux dans leur enfance leur ont dits un jour et qui continuent à

→

les conditionner. Ils passent une grande partie de leur vie, voire leur vie entière quelquefois, à obéir à ces messages. Il n'existe pas de force directrice plus puissante qu'une croyance. Une croyance peut déplacer des montagnes ou elle peut détruire une vie. Il est donc nécessaire pour la personne hypersensible d'enrayer cet engrenage et de ne plus laisser de tels mots devenir des maux, et de telles phrases devenir des croyances.

PLACE À L'ACTION !

Une fois que l'on a pris conscience de l'impact toxique d'un message, un travail de reconstruction peut alors commencer. Il prend du temps et des rappels réguliers sont souvent nécessaires. Lorsqu'une phrase dévalorisante vous revient régulièrement en tête, je vous propose de la remplacer par ce que j'appelle son « antidote », c'est-à-dire une phrase opposée, puis de l'écrire, de la répéter plusieurs fois par jour, jusqu'à neutraliser le message toxique.

- Je neutralise la ou les croyances qui me pénalisent en complétant le tableau ci-dessous :

Croyance dévalorisante	**Antidote**
Je ne suis pas important(e).	Je suis important(e).
Je suis nul(le).	Je suis capable.
…	…
…	…
…	…

LE MAL-ÊTRE DE L'HYPERSENSIBLE

Âgée de seize ou dix-sept ans, je travaillais donc comme apprentie coiffeuse, j'habitais avec mes parents dans une maison face à la plage de Malo-les-Bains. Ma formation se passait plutôt bien dans l'ensemble, j'avais de bons résultats scolaires. J'avais des amis avec qui nous faisions des fêtes. Tout allait bien en apparence. Cependant, quelque chose au fond de moi n'allait pas bien. Certes, j'avais bien quelques peines de cœur, mais cela ne venait pas de là. Je ressentais régulièrement des angoisses qui me donnaient un sentiment de vide intérieur profond, sans comprendre d'où elles provenaient. Pour dissiper ce sentiment de vide, j'ai exploré toute une variété d'expériences. J'ai essayé de me remplir de nourriture, j'ai essayé des substances euphorisantes, j'ai essayé de boire trop d'alcool comme ceux qui avaient l'air de s'amuser dans les soirées, enfin j'ai essayé le cannabis lors des fêtes ou des dimanches après-midi pour faire comme les autres. Rien n'y a fait. Le pire a été atteint le jour de mes seize ans. Un dimanche, nous avions fait une grosse fête et cumulé alcool et drogue, je me suis réveillée allongée sur le sol dans un état semi-conscient sans pouvoir bouger, à l'instar du personnage de Mathieu Amalric dans le film *Le Scaphandre et le Papillon* de Julian Schnabel sorti en 2007, comme si toutes mes fonctions motrices étaient détériorées, mais dans une version beaucoup plus soft que dans le film parce que ce n'était qu'une sensation. Toutes ces tentatives n'ont rien changé à mon état, elles l'ont même aggravé. J'ai donc très vite tout arrêté. Le sentiment d'être différente et de ne pas être comprise était constant et trop douloureux. L'idée terrible de vouloir quitter ce monde dans lequel je n'arrivais pas à être en paix a progressivement émergé dans mon esprit. Les idées noires ont commencé à être de plus en plus souvent présentes. Seule dans mon cheminement intérieur, la volonté d'en finir avec ce mal-être, ces angoisses, cette incompréhension est devenue permanente. C'est alors que, pour en finir, j'ai décidé d'organiser mon suicide. Chaque soir, je prenais un somnifère dans le tiroir de la table de nuit de ma mère et je le rangeais dans une petite boîte dans ma chambre. J'ai attendu d'en avoir un certain nombre pour passer à l'acte. Un samedi soir, vers vingt-deux heures, après avoir regardé la mer par la fenêtre, je me sentais vraiment très mal, j'ai décidé que c'était *le* jour.

En conscience, j'ai préparé les comprimés avec un verre d'eau à côté de mon lit et une fois confortablement allongée, j'ai pris tous les comprimés d'un coup et j'ai bu une grande gorgée d'eau. J'ai ensuite fermé les yeux et je me suis laissée aller dans un sommeil paisible. Je me sentais sereine, je me disais que tout était enfin terminé, que toutes mes angoisses allaient cesser, que viendrait le repos physique et psychique tant attendu et que j'allais trouver la paix. Seulement, je me suis réveillée le lendemain en fin d'après-midi, la dose de somnifères était probablement trop faible. Je me suis donc levée décidée à poursuivre mon objectif, même si j'étais affaiblie, somnolente et que j'avais les jambes chancelantes. Je suis allée chercher dans mon sac d'école le rasoir couteau que l'on utilisait pour le rasage de la barbe et suis retournée péniblement m'allonger. Là, j'ai commencé à essayer de me sectionner les veines. La lame du rasoir étant trop usée, j'étais obligée d'insister pour réussir à entailler la peau recouvrant mes veines. Mon état de faiblesse a eu raison de ma détermination et j'ai perdu connaissance à la vue de la première goutte de sang. Je ne suis revenue à moi qu'environ vingt-quatre heures plus tard. Le sang avait séché sur mon poignet et sur les draps. Je me suis levée et je suis descendue à la cuisine comme si rien ne s'était passé. Comme d'habitude. Visiblement, ce n'était pas le jour.

À la cuisine, ma mère m'a simplement dit :

« Dis donc, tu étais fatiguée, tu as bien dormi ! »

Nous vivons quotidiennement, sous un même toit, aux côtés des nôtres que l'on appelle communément des « proches ». Nous mangeons ensemble, nous discutons ensemble, nous échangeons des banalités, de la logistique, mais, dans certaines familles, on ne se soucie pas de savoir ce que ces proches ressentent réellement ou ce qu'ils vivent. Comment se fait-il que l'on se connaisse si peu au sein d'une même famille ? Que l'on soit si peu en contact réel, profond, authentique et sincère les uns avec les autres ? Que nous soyons de véritables étrangers les uns pour les autres ? Comment se fait-il que la majeure partie des gens joue un rôle ? Comment se fait-il qu'à cette époque, je n'aie pas réussi à parler à mes frères, à ma sœur ou à ma mère ? Comment se fait-il qu'eux n'aient rien vu, rien senti ? Comment ai-je pu vivre une telle errance dans cette maison, entourée de ma famille sans que personne ne se rende compte de rien ? Pourquoi tant d'individualisme, d'indifférence, de cécité au sein d'une même famille ?

MON ANALYSE DE COACH

Les personnes hypersensibles ressentent très souvent un mal-être. Le sentiment d'être rejeté, différent des autres, est commun à beaucoup de personnes hypersensibles. Très difficile à identifier, à nommer, ce sentiment les éloigne des autres. Elles se sentent alors profondément incomprises. Le danger, c'est que la personne hypersensible peut faire l'impasse toute sa vie sur cette difficulté qui la pénalise terriblement.

Ce mal-être peut être une conséquence du « faux self », mis en place très tôt dans l'enfance pour répondre tout d'abord aux attentes et aux besoins parentaux, puis aux attentes et aux besoins des autres. Ne sachant développer son « vrai Soi », la personne hypersensible ressent petit à petit un vide, puis un sentiment d'incomplétude ou de n'être à sa place nulle part. Progressivement, sa vie lui semble ne pas être sa propre vie, lui semble être dénuée d'intérêt et de sens. Ces sentiments sont justes puisqu'elle s'est coupée depuis toujours de ses propres émotions, de ses propres sentiments, de ses propres envies et s'est habituée à ce fonctionnement. Étrangère à elle-même, déconnectée de ses besoins, de ses désirs, de ses goûts, elle va vivre un affaiblissement psychique, un abattement corporel puis un épuisement général qui peuvent la conduire à une forme de dépression. Cette dépression n'en est pas réellement une, cela signifie surtout que la personne hypersensible s'est perdue et ne sait plus très bien qui elle est.

La personne hypersensible est très sensible à la vérité dans ses relations avec ses proches. Elle ne supporte pas le mensonge, la superficialité et l'hypocrisie. Seulement, être vrai demande un travail que tout le monde n'est pas prêt à fournir. Le quotidien de la personne hypersensible n'est pas toujours facile lorsqu'elle ne connaît pas son hypersensibilité et que son entourage se charge de lui faire sentir qu'elle est différente, ou même malade. Ses proches lui reprochent cette différence dont elle n'a pas encore véritablement conscience, c'est pourquoi il arrive parfois que la personne hypersensible soit en rupture avec sa famille, soit parce qu'elle n'est pas ou plus comprise, soit parce que ses centres d'intérêt et ses occupations sont en décalage, soit tout simplement parce que son instinct de survie lui fait prendre de la distance pour se protéger.

Cette sensibilité à fleur de peau, cette différence, dérange parfois certaines personnes non hypersensibles qui, par ignorance et égocentrisme, se comportent comme le frère et la mère de Camille Claudel, prennent peur, jugent, condamnent et excluent celui ou celle qui ne leur ressemble pas, lui laissant croire qu'il ou elle est malade. C'est ainsi que Camille Claudel a été internée en hôpital psychiatrique durant plus de trente ans et qu'elle y est morte. Cette cruelle incompétence, ce manque d'empathie au sein d'une même famille, parle d'elle-même, et peut être illustrée par ce proverbe français du XIIIe siècle toujours d'actualité : « Quand on veut se débarrasser de son chien, on dit qu'il a la rage. »

Pour vivre en harmonie, la personne hypersensible a donc besoin d'avoir des relations vraies et authentiques avec elle-même et avec ses proches. La réalité est tellement plus belle et plus simple ainsi. Pour avoir conscience de ce besoin, il faut être prêt, et être capable de vérité sur soi et envers ses proches. S'accepter tel que l'on est et s'intéresser réellement à ses proches, préserver ce lien relationnel indispensable, tout cela est la clé du bon équilibre de la personne hypersensible.

→

PLACE À L'ACTION !

Si vous avez un sentiment profond de mal-être, je vous invite à faire un exercice que j'appelle « la poubelle émotionnelle ». Il consiste à écrire trois pages par jour, de préférence le matin avant de commencer votre journée. Écrivez tout ce qui vous passe par la tête. Tout. Sans jamais vous relire.

- Je laisse ma main glisser le long de la feuille et je note *tout* ce qui me vient à l'esprit. Rien n'est trop insignifiant, trop bête, trop stupide, ou trop étrange, pour être exclu. Je laisse la place à des pensées positives :

....

....

....

....

HYPEREMPATHIE

Après l'obtention de mon CAP de coiffure mixte, j'ai poursuivi avec l'objectif d'acquérir le brevet professionnel mixte. Je suis alors passée en contrat de qualification, toujours chez le même patron. Il avait ouvert un deuxième salon dans l'intervalle. Il avait aussi embauché un apprenti supplémentaire. Le salon évoluait très bien. J'étais toujours très attentive et très sérieuse dans mon travail. Je souhaitais obtenir le brevet professionnel qui me permettrait d'ouvrir mon propre salon. J'ai donc très consciencieusement préparé cet examen qui avait la réputation d'être difficile. Les personnes que je connaissais l'avaient passé en moyenne cinq fois avant de l'obtenir. J'ai donc beaucoup travaillé et me suis organisée pour réviser. Chaque pause de midi, chaque soir et tous mes temps libres étaient consacrés aux révisions pour l'examen. J'étudiais seule tous les midis au salon lorsqu'il était fermé et le soir chez moi. De temps en temps, je révisais aussi avec une copine, chez elle, le soir et parfois le week-end, c'était à la fois motivant et encourageant de travailler ensemble. Nous étions toutes les deux très investies. J'avais le sentiment que nous formions une belle équipe.

Lorsque le jour des épreuves est arrivé, j'avais plutôt confiance en moi grâce au travail fourni, aucun sujet de l'examen ne m'était étranger. À l'issue des épreuves, j'étais également satisfaite des copies que j'avais rendues. Puis vint le jour des résultats, et, chose que je n'avais pas envisagée, je fus la seule des deux à obtenir le diplôme. Ce fut un choc terrible, à la fois pour mon amie qui avait échoué, et pour moi parce qu'elle en était blessée. Je n'ai même pas pris le temps de me réjouir de mon succès, il était au contraire devenu un fardeau. Je partageais sa douleur, son échec, son immense déception. Je ne me suis donc jamais autorisée à ressentir une quelconque satisfaction, et encore moins à fêter ma victoire. Mon comportement a d'ailleurs beaucoup surpris mes parents. Ils étaient contents pour moi, mais ne comprenaient pas ma tristesse, ni mon obstination à taire ma réussite. Lorsque mon amie et moi nous retrouvions avec des amis, le sujet était bien sûr tabou. Puis elle s'est éloignée de moi et a quitté la région. Je n'ai plus eu de nouvelles pendant plusieurs années.

MON ANALYSE DE COACH

Une des caractéristiques les plus marquantes des hypersensibles est l'empathie. Cette aptitude à percevoir intensément ce que l'autre ressent, la personne hypersensible n'en a pas forcément conscience car, bien souvent, elle imagine que chaque individu en est pourvu. Or, tout le monde n'est pas naturellement empathique au même degré. Très souvent, l'hypersensible en arrive à ne plus faire la différence entre ses propres sentiments et ceux des personnes qui l'entourent.

L'empathie de la personne hypersensible peut être une aptitude, lorsque celle-ci ressent les émotions de la personne en face d'elle et qu'elle s'en sert pour l'accompagner, l'aider ou dans son travail. Mais l'empathie peut aussi être une difficulté, lorsque la personne hypersensible n'a pas conscience de prendre la souffrance de l'autre et qu'elle se charge des douleurs ou du mal-être de l'autre afin de le soulager. Elle se retrouve alors rapidement envahie par une foule d'émotions et de souffrances qui ne lui appartiennent pas, et qu'elle porte durant de longues années.

C'est d'ailleurs la raison pour laquelle Saverio Tomasella a introduit le concept d'ultrasensibilité, pour qualifier les personnes douées d'une hypersensibilité associée à une hyperempathie.

PLACE À L'ACTION !

Lorsque vous ressentez un trop-plein d'émotions, lorsque vous êtes dans un environnement inhabituel ou en compagnie d'autres personnes, lorsque vous vous sentez mal dans un lieu public, posez-vous cette question : « Est-ce que cette émotion que je ressens m'appartient ? »

- Je m'entraîne à distinguer mes émotions de celles des autres qui m'envahissent :

……………………………………………………………………………………

……………………………………………………………………………………

……………………………………………………………………………………

……………………………………………………………………………………

CHAPITRE 4

MA VIE D'ADULTE, ENTRE INCERTITUDE ET DÉTERMINATION

ABSENCE DE FILTRE

À dix-neuf ans, j'étais donc bien partie pour être coiffeuse toute ma vie. De plus, avec mon brevet professionnel mixte en poche, je pouvais créer ou reprendre un salon de coiffure.

Ouah !!!

Imaginer que toute ma vie j'allais être coiffeuse,

ça me donnait le vertige !

J'avais la possibilité de reprendre le salon de coiffure dans lequel j'avais fait mon apprentissage. C'était un petit salon plein de charme, et l'idée de me poser ainsi me séduisait pour la sécurité que cela représentait, j'allais évoluer en terrain connu, le salon, le quartier, la clientèle. Mais, paradoxalement, cela m'angoissait car c'était retourner là où j'avais commencé, être à la même place sans aller voir ailleurs. J'étais en proie au doute et à l'hésitation. Durant mes années de formation, je n'avais connu qu'une seule entreprise, qu'un seul savoir-faire, qu'une seule manière d'accueillir les clients... Je ne voulais surtout pas m'enfermer entre quatre murs à dix-neuf ans, ni plus tard non plus d'ailleurs. Après un temps de réflexion, j'ai finalement choisi de repousser le moment de m'installer et d'aller explorer ce qui se passait dans d'autres salons de coiffure, dans d'autres villes. J'ai donc refusé la proposition que mon père m'avait faite de reprendre ce salon. Je voulais m'aguerrir, me forger une expérience, être confrontée à d'autres savoir-faire, acquérir de l'aisance, de l'adresse, une plus grande confiance dans mon travail technique et artistique... Je sentais qu'il me manquait encore quelque chose, mais je ne savais pas quoi. J'ai donc préféré poursuivre ma formation et j'ai eu la grande chance que mes parents m'offrent, pour me féliciter de l'obtention de mon diplôme, un stage de longue durée chez un grand coiffeur parisien, très en vogue dans les années 1980 : Jean-Louis Déforges.

J'aimais beaucoup, à la fois son style, son travail et le personnage. Son travail et ses formations étaient d'une très grande qualité. C'était un très beau cadeau que me faisaient mes parents étant donné le coût que cela représentait : je devais loger à Paris toute la semaine, prendre le train chaque week-end pour rentrer à la maison et manger tous les midis dans une brasserie parisienne. Je les en remercie beaucoup. Ces efforts ont été payants, puisque cette formation a été déterminante dans mon parcours. En sortant de là, j'avais acquis l'assurance que j'étais venue chercher, cette confiance dont j'avais besoin pour commencer n'importe quelle coupe de cheveux sur n'importe quelle personne. La formation était concentrée sur les techniques de coupe et sur le choix de telle ou telle coiffure en fonction de la personne, j'étais coiffeuse visagiste en somme. Lorsque je démarrais avec une cliente ou un client, j'avais toujours un tas d'idées à lui proposer tout en respectant ce qui me semblait essentiel, c'est-à-dire faire des coupes structurées et des coiffures faciles à recoiffer après chez soi. J'ai non seulement appris des techniques de coupe de grands coiffeurs parisiens, mais aussi les petits plus qui font la différence, les détails qui distinguent les coiffeurs.

Je conserve un très bon souvenir de cette période de ma vie. J'ai adoré vivre à Paris, me rendre à la formation durant la journée et aller au musée ou visiter des expositions le soir. Je découvrais un mode de vie très différent de celui que j'avais connu jusque-là, j'étais dans l'observation permanente de tout ce qui m'entourait. J'étais seule livrée à moi-même, autonome et responsable. J'étais enchantée, pleine de gratitude, profondément joyeuse, consciente que j'avais de la chance d'être là, j'étais pleine d'espoir en l'avenir.

De retour à Dunkerque, j'ai commencé à me poser plusieurs questions : Qu'est-ce que je vais faire maintenant ?

Comment vais-je pouvoir appliquer mes nouvelles connaissances ? Je me sentais forte… capable d'accomplir de grandes et belles choses, j'étais pleine d'un élan extraordinaire. J'avais vécu à Paris trois mois formidables, emplis de découvertes, d'aventures, de rencontres. Ma formation m'avait véritablement apporté de multiples atouts et j'avais maintenant profondément envie de transmettre ce que j'avais appris, tant je trouvais cela extraordinaire. Je me sentais capable de déplacer des montagnes… Et je me pris à rêver de ce que je pourrais réaliser…

Le rêve est un élément indispensable pour une jeune fille qui démarre dans la vie active. À dix-neuf ans, je n'en étais pas réellement consciente, cela ne se passait pas dans ma tête, mais dans mon ventre, je le sentais à l'intérieur de moi, je sentais une force qui me poussait à réaliser des choses. Puis un jour, j'ai trouvé. Mon rêve était de créer une école de coiffure à Lille pour transmettre ce que j'avais appris. Lille était la grande ville la plus proche de là où j'habitais et je n'y connaissais pas d'école de formation de ce type. Beaucoup de coiffeurs et de coiffeuses se rendaient à Paris pour se former. Créer une école à Lille, ville centrale pour tout le Nord de la France, était une excellente idée car elle attirerait de nombreux coiffeurs de la région.

Au comble de l'excitation, j'annonçai mon projet en en détaillant toutes les implications à l'une des personnes les plus proches de moi, ma sœur. Je n'avais pas imaginé une minute que celle-ci allait aussi vite le réduire à néant. Par chacune des phrases qu'elle prononçait, elle rabotait, détruisait mon projet, et par là même mon enthousiasme. Peut-être ne s'en rendait-elle pas compte, mais, au fur et à mesure qu'elle parlait et que je l'écoutais, mon projet rapetissait et mon sentiment d'être capable de le réaliser s'affaiblissait. Elle me disait : « Tu n'es pas capable de gérer un tel établissement ! » ; « Tu es trop jeune ! » ; « Ce n'est pas fait pour toi ! » ; « Cela existe déjà ! ». (Mais sans savoir me dire où, ni qui en était à l'origine.) Elle réussit même à me faire croire que l'idée était irréaliste, extravagante et stupide. Mon beau projet et ma joie intense étaient tombés à l'eau en l'espace de quelques minutes. Le sabotage avait été puissant. En quelques mots, en quelques phrases, mes rêves étaient littéralement anéantis. Je ne me suis évidemment pas rendu compte immédiatement de son empressement à démonter un à un les éléments de mon projet, à saboter ma joie et mon enthousiasme.

À cette époque, j'avais une très grande confiance en ma sœur, elle était l'aînée, elle faisait figure d'autorité sur moi. Je l'ai écoutée et j'ai cru à ses propres croyances. Probablement sans s'en rendre compte, elle a projeté sur moi ses propres peurs et ses propres limites. Elle était la plus grande et jouait son rôle habituel, le rôle de celle qui sait, le rôle de conseil qui incombe à l'aînée. Alors je lui ai fait confiance et j'ai finalement renoncé à mon idée. Pour elle, tout était réglé, il n'y avait pas besoin d'en rajouter, je faisais fausse route. J'ai renoncé à mon projet trop rapidement, sans en parler à personne d'autre, tant elle avait mis à mal ma belle énergie. Mais tous les arguments qu'elle avait avancés pour saper mon projet lui appartenaient, ne me concernaient pas et parlaient d'elle en réalité. Elle avait probablement peur que je fasse quelque chose qu'elle n'aurait pas été capable de faire, ou dont elle n'aurait pas eu l'idée. Quelque chose qui la place face à son incapacité à prendre son envol. J'étais dans la même situation qu'elle, mais encore trop jeune et trop naïve. J'avais obtenu mon brevet professionnel de coiffure du premier coup, alors qu'elle ne l'avait obtenu qu'au bout de la cinquième fois. Je ressentais toute sa peur et, sans que je m'en rende compte, sa peur est devenue mienne. J'ai alors renoncé à mon projet. J'ai renoncé à moi-même. Je l'ai laissée simplement me mordre encore une fois, un peu plus fort. Et suivant une fois de plus la consigne familiale, je me suis tue.

Finalement, j'ai pris une autre route et trouvé un travail dans un salon de coiffure à Boulogne-sur-Mer, comme technicienne. Ce travail n'avait rien à voir avec la formation que j'avais suivie et ne nécessitait aucune des compétences acquises avec détermination et espoir. Mon idée anéantie, mon ambition ne lui faisaient alors plus d'ombre.

Quelques années plus tard, ma position de deuxième fille de la fratrie m'a valu une nouvelle épreuve. Alors que j'étais enceinte d'un homme avec qui je vivais une relation sérieuse, on m'a demandé d'avorter car, enceinte en même temps que ma sœur, je devais lui laisser la primeur. On m'a dit que j'aurais tout le temps plus tard d'avoir un enfant. Le choc fut tellement grand que l'enfant a choisi de nous quitter tout seul et que j'ai fait une fausse couche quelques jour après.

MON ANALYSE DE COACH

La personne hypersensible est sans filtre. Elle ne voit pas le mal, mais elle ressent non seulement toutes les émotions, tous les sentiments et toutes les peurs de l'autre, comme si c'étaient les siens, ainsi que toutes les énergies et toutes les vibrations de son environnement. Elle n'a aucun système de défense. Elle reçoit de plein fouet les critiques, les accusations, la toxicité d'un environnement aussi bien que l'enthousiasme, la joie, la vitalité, la motivation ou la chaleur d'un lieu.

Comme le dit Elaine N. Aron, « l'absence de lien sécurisant dans l'enfance empêche d'apprendre à affronter certaines situations avec confiance. Dans la majorité des cas, la sensibilité de la personne hypersensible est héréditaire, mais il est difficile de déterminer si cette sensibilité est le fruit de l'hérédité ou de l'environnement. Dans les deux cas, la capacité d'empathie et d'adhésion aux émotions de l'autre de la personne hypersensible est sans filtre[6]. »

La famille n'est pas toujours des plus tendres. Avec nos plus proches, nous partageons en toute simplicité, en toute honnêteté, en toute quiétude nos ambitions et nos projets. Nous accordons souvent une valeur toute particulière aux jugements, aux appréciations, aux choix et aux conseils d'un proche. Cependant, un membre de sa propre famille n'est pas toujours la bonne personne à qui se confier, à qui s'ouvrir de ses ambitions et de ses désirs. Les mots ou les réactions d'un proche peuvent cacher des frustrations, des souffrances non résolues qui l'empêchent de regarder la vérité telle qu'elle est, et par conséquent de prodiguer des conseils en toute conscience.

→

6. Elaine N. Aron, *Ces gens qui ont peur d'avoir peur : Mieux comprendre l'hypersensibilité*, Les Éditions de l'Homme, 2013.

L'image d'Épinal de la famille peut laisser imaginer qu'il s'agit d'un cocon protecteur où il fait bon vivre et partager ses joies, ses peines, ses amours, ses illusions et désillusions. Certes, cette famille existe, mais elle ne représente pas la généralité. Il n'est pas nécessaire d'être battu pour être en souffrance. La souffrance peut être mentale, émotionnelle ou psychologique, et être distillée de façon insidieuse, lentement. La perversité, la jalousie, la compétition, l'orgueil, le mépris, l'égocentrisme et même la cruauté en sont à l'origine. Pour un enfant, un adolescent et même un jeune adulte, il n'est pas toujours aisé de se rendre compte de certaines manipulations, conscientes ou inconscientes, au sein même du contexte familial. Et c'est d'autant plus difficile pour une personne ultrasensible, dont la nature première est l'empathie. Aussi, lorsque le terrain familial est miné, il est préférable lorsque l'on est ultrasensible de s'en éloigner et de se tourner vers une personne extérieure, un thérapeute, un psychologue ou un coach, qui, tel un miroir, permettra de réussir à sortir de ces jeux psychologiques pervers pour trouver un nouvel équilibre et s'épanouir.

PLACE À L'ACTION !

Je vous invite à résister à la tentation de tout partager avec tout le monde : vos idées, vos projets, vos ambitions. Ensuite, cherchez à savoir quelles sont véritablement les bonnes personnes à qui confier vos désirs. Vous pouvez noter ces derniers, les chérir et leur accorder de la valeur, puis réfléchir à comment poser des actions concrètes pour atteindre vos objectifs.

- Je liste les bonnes personnes avec qui partager mes envies, mes projets et mes désirs :

....

....

....

....

....

BESOIN DE COHÉRENCE

Boulogne-sur-Mer était située à une centaine de kilomètres de chez mes parents. Le contraste avec Paris était saisissant. Moi qui avais beaucoup aimé l'effervescence parisienne, me promener dans les rues, admirer l'architecture des immeubles haussmanniens et des monuments, visiter les musées et les expositions, je débarquais dans ce port de pêche austère. Heureusement que l'équipe du salon de coiffure était sympathique et l'ambiance fort agréable. J'avais aussi la chance de bénéficier d'un appartement se trouvant juste au-dessus du salon pour un loyer tout à fait raisonnable. Mais tous ces avantages ne compensaient pas le fait qu'après trois mois passés à me former sur les différentes techniques de coupe, je me retrouvais à un poste de technicienne en couleur, mèches et permanentes, tout sauf les coupes de cheveux. Je ne trouvais pas cela très cohérent et cela me contrariait.

Néanmoins, le temps passé dans ce salon a été pour moi à la fois structurant et doux. Structurant, parce que c'était la première fois que j'étais engagée à un poste de responsable d'équipe. Doux, parce que tout dans ce salon, le sens de l'accueil, du respect, la discrétion, l'élégance ainsi que les odeurs riches et prodigieuses des huiles essentielles contenues dans les shampooings créés sur mesure, contribuait au charme du lieu et créait une atmosphère zen, relaxante et luxueuse. J'aimais beaucoup le mélange de toutes ces odeurs d'huiles essentielles lorsque je descendais dans le salon dès le matin.

Par ailleurs, c'était la première fois que je prenais un appartement toute seule et que je pouvais m'organiser. Cela m'a obligée à prendre soin de moi et à commencer à surveiller mon alimentation. J'avais pris pas mal de poids à Paris, du fait de toutes les tentations et de toutes les spécialités gastronomiques qui y étaient représentées. Parallèlement à cela, j'ai commencé à faire un peu de sport, j'allais courir le long du port le soir après le travail. Je me suis aperçue que je devais aussi veiller à avoir un certain nombre d'heures de sommeil pour être en forme. L'alimentation, l'activité physique et le sommeil me sont apparus comme des éléments extrêmement importants. Je ne savais pas encore à cette époque que j'étais une personne hypersensible, mais je sentais que l'activité physique et une bonne hygiène de vie me structuraient et me faisaient énormément de bien. Je comprenais que la discipline et l'organisation de ma vie me permettaient d'être plus sereine et plus éveillée à ce qui m'entourait. Je me sentais plus en conscience. J'avais seulement vingt ans et j'avais le sentiment de prendre ma vie en main. Je ne suis restée que six mois dans ce salon, d'avril à septembre 1990, pour ensuite partir retrouver mon amoureux à Lille. Le temps était venu de nous réunir physiquement et je voulais trouver un salon où j'allais enfin pouvoir utiliser mes compétences en techniques de coupe.

MON ANALYSE DE COACH

Une personne hypersensible a un important besoin de cohérence, qui passe par une impérieuse recherche d'harmonie. Une cohérence entre ce qu'elle pense et ce qu'elle fait, entre ce qu'elle pense et ce qu'elle dit, et entre ce qu'elle dit et ce qu'elle fait.

Cette cohérence lui permet de vivre en harmonie non seulement avec elle-même, mais aussi avec son environnement. Elle s'exprime dans les moindres détails par l'exigence que les choses s'organisent ou que les événements s'enchaînent de manière fluide, logique et avec sens. Ce qui est cohérent ou harmonieux pour l'un ne l'est pas forcément pour l'autre, et inversement. Un manque de cohérence ou d'harmonie dans la vie d'une personne hypersensible peut la plonger dans un état d'hyperstimulation et fragiliser son équilibre émotionnel. Si cette situation se prolonge, cela peut la conduire lentement à un état d'anxiété qui ressemble sensiblement à un état dépressif, mais qui n'est pas de la dépression. La personne hypersensible se retrouve alors engagée dans une voie qui l'éloigne de qui elle est foncièrement.

PLACE À L'ACTION !

Pour vivre en respectant votre besoin de cohérence, il est parfois nécessaire de savoir dire non à certaines propositions, de vous autoriser à ne pas être du même avis que les autres.

→

Suivez votre propre voie, même si ce n'est pas du goût de tout le monde. Et laissez la vie vous montrer le chemin.

- Je me laisse imaginer comment serait ma vie si je respectais mon besoin de cohérence. Je note à qui et/ou à quoi je pourrais dire « non » pour suivre ma propre voie :

....

....

....

....

....

ABSENCE D'ESPRIT DE COMPÉTITION

Arrivée à Lille, j'ai immédiatement déposé mon *curriculum vitae* dans plusieurs salons de coiffure. J'ai rapidement obtenu une proposition pour faire un essai dans un salon de coiffure franchisé du vieux Lille. Un essai comme coiffeuse et non plus comme technicienne. C'était pour un contrat à durée indéterminée avec une période d'essai de trois mois. J'étais absolument enchantée. Je me voyais déjà gravir les échelons un à un, dans ce salon haut de gamme, et, pourquoi pas, en devenir gérante un jour. J'avais le sentiment que les choses commençaient à se mettre en place. Je venais d'emménager à Lille avec mon copain, j'avais ma propre voiture, j'étais sur le point de décrocher un poste de coiffeuse dans un salon de qualité en plein cœur de Lille. Que demander de plus ? Mais j'étais loin d'imaginer que cette expérience allait tourner au cauchemar.

Finalement engagée, je commençai à travailler très rapidement. Nous étions environ dix filles et un garçon. À cette époque, je ne savais pas qu'il pouvait exister une telle cruauté entre les gens dans un si bel environnement et dans des conditions aussi agréables. C'était une sorte de microsociété. Les filles formaient des clans et leur passe-temps favori consistait à critiquer et à dénigrer les membres des autres groupes. Lorsque je suis arrivée, elles me scrutaient et m'observaient pour voir vers quel clan j'allais me diriger ou quel groupe allait m'accepter. À l'époque, je ne comprenais pas ce qui se passait, je ne comprenais pas leur fonctionnement. J'observais. Et je ressentais un sentiment fort désagréable, sans avoir réellement conscience que cela venait de l'atmosphère pesante qui régnait dans le salon. N'ayant jamais apprécié de faire partie d'un groupe, je restais en dehors de tous les clans. J'avais toujours eu ce besoin de me sentir libre, d'aller et venir comme bon me semblait et de discuter avec qui je voulais. Durant la pause déjeuner que je prenais seule dans mon coin, je voyais défiler les différents groupes qui venaient prendre leur repas et j'entendais leurs conversations. Leurs préoccupations et leurs centres d'intérêt m'exaspéraient.

Un moment, j'ai imaginé pouvoir me rapprocher du seul garçon du salon, qui, lui, avait une préférence pour les garçons, de sorte que je ne prenais aucun risque. Mais la seule chose qui l'intéressait était de faire du chiffre d'affaires et de vendre des produits pour être le premier coiffeur, le premier vendeur, se faire la plus grosse prime et se faire bien voir par la gérante. Il déjeunait en quatre minutes trente secondes, lorsqu'il déjeunait, pour retourner immédiatement s'occuper de toutes les personnes qui venaient sans rendez-vous. En réalité, il prenait les clientes qui auraient dû m'être attribuées. En effet, il avait été convenu avec la gérante que je créerais ma clientèle avec les personnes sans rendez-vous. En théorie, il devait donc m'appeler lorsqu'une personne se présentait sans rendez-vous, mais au lieu de cela, il se l'appropriait. Ainsi, si je voulais avoir la cliente, je devais rester à l'accueil, plantée à côté de lui, et sauter sur toute nouvelle cliente pour lui enfiler un peignoir la première. Mais je ne pouvais me plier à ce jeu ridicule, à cette compétition médiocre. Cela ne faisait déjà pas partie de mon fonctionnement à l'époque. Ce garçon, d'une grande beauté et doté d'un talent de séducteur, savait parfaitement dire aux personnes ce qu'elles avaient envie d'entendre. Il savait y faire autant avec la gérante qu'avec les clientes ou les clients, et la gérante le laissait se saisir des nouvelles clientes sous mes yeux sans rien dire, tandis que celles-ci lui attribuaient de gros pourboires. J'ai alors abandonné l'idée de faire de ce garçon un allié, et tenté de trouver un accueil plus chaleureux auprès de la responsable, mais je n'ai guère eu plus de succès.

Ce calvaire a duré six mois. J'ai passé toutes mes journées, pendant trois longs mois, de neuf heures à dix-huit heures, dans cette ambiance nauséabonde. Et, chaque jour, je perdais un peu de ma fraîcheur, de ma spontanéité et de ma gaieté. Je dépérissais. Et je pleurais tous les jours, tellement je me sentais mal, si peu à ma place, ayant perdu toute envie de conquérir la moindre cliente. J'ai pourtant tenu jusqu'à la fin de la période d'essai. La veille du dernier jour, le directeur m'a convoquée pour faire le point. Il a évoqué un très petit chiffre d'affaires par rapport à ce qui était demandé et aussi le fait que je restais seule dans mon coin. La responsable était à ses côtés, mais je ne me suis pas démontée et je lui ai expliqué que je ne voyais aucun intérêt aux conversations de mes collègues. À ce moment-là, la responsable a bondi de colère et, coupant la parole au directeur, m'a demandé :

– Ah bon ! Et de quoi veux-tu qu'on parle, alors ?

– Je ne sais pas… De cinéma… D'art… Peu importe, de tout, sauf de ce dont vous parlez. Vous passez votre temps à vous critiquer les unes et les autres…

Vexée, la responsable s'est repliée sur elle-même, comme une petite fille qui boude.

Après un court silence, le directeur m'a alors demandé :

– Et vous, avez-vous envie de rester avec nous ?

– Je ne sais pas… Je ne pense pas…, ai-je répondu.

Alors, il a terminé l'entretien en me disant que la balle était dans mon camp, que je devais réfléchir et lui donner ma réponse le lendemain soir au plus tard.

Le lendemain, la responsable avait diffusé je ne sais quelle information au sujet de cet entretien. Et pour satisfaire leur curiosité, les filles sont venues durant tout l'après-midi me demander comment s'était passé mon rendez-vous avec le directeur. Les commérages allaient bon train, la responsable continuait de bouder et ne m'adressait plus la parole.

Ma décision fut prise à la suite du dernier coup de la responsable. Il était dix-sept heures trente environ lorsqu'une dernière nouvelle cliente entra dans le salon. J'étais à l'accueil, près de la porte, j'attrapai donc un peignoir pour m'occuper d'elle. C'est alors que la responsable, me regardant dans les yeux, appela le garçon et lui demanda explicitement de s'occuper de cette nouvelle cliente. Je reposai le peignoir calmement et remontai dans les vestiaires pour me changer puisque la journée était terminée. Il était presque dix-huit heures et je devais donner ma réponse. Le doute planait encore dans ma tête. Tous les espoirs que j'avais fondés en arrivant dans ce salon s'évanouissaient, l'illusion d'un travail en équipe, la joie de fournir un service de qualité, l'idée d'évoluer dans ce salon pour peut-être un jour en reprendre la gérance…

Quel choix devais-je faire maintenant ? Rester ou partir ? Il me semblait que c'était un choix important. Je ne voulais pas me laisser marcher sur les pieds. Ma tête était en ébullition. Que faire ? Rester et subir encore ? Ou partir ? Mais pour faire quoi ? Je n'avais aucun plan B.

Alors j'ai volontairement laissé partir la majorité de mes collègues pour rester seule avec la responsable. Ma décision était prise, mais je voulais attendre la dernière minute et voir si elle allait essayer de me retenir. Mon cœur me disait de ne pas endurer plus longtemps ce supplice, mais je me disais que si elle manifestait un soupçon de regret, une once de gentillesse, j'étais prête à rester. Je me suis donc avancée lentement vers la sortie, où se tenait la responsable. Froide comme la pierre, elle attendait ma réponse, elle n'a pas esquissé la naissance d'un sourire, ne m'a pas accordé un regard ni dit un seul mot, rien. J'ai donc déposé ma tenue de travail dans ses mains et je lui ai simplement dit :

« Je ne reste pas. »

Cela m'a fait un bien fou. Je ressentais une telle libération. Je venais de dire stop. Désormais, je n'aurais plus à supporter cet environnement qui ne me convenait pas. Elle n'aurait plus aucun droit sur moi. Son visage était rouge de colère. Je suis ensuite rentrée chez moi, à la fois heureuse et soulagée, même si je ne savais pas ce que j'allais faire ni ce qui m'attendait. Mais cela ne pouvait être que mieux.

MON ANALYSE DE COACH

La personne hypersensible n'a pas l'esprit de compétition. Elle ne conçoit généralement pas d'intérêt à la compétition avec les autres, qu'elle perçoit comme vaine et dépourvue de sens. C'est pour cela que l'on trouve assez peu de personnes hypersensibles dans les compétitions sportives ou autres. En revanche, la personne hypersensible aime se lancer des défis pour évoluer et grandir. Par ailleurs, elle n'éprouve pas de

→

jalousie et, par conséquent, ne l'identifie pas chez l'autre. Ces deux caractéristiques, l'absence d'esprit de compétition et le fait de ne pas identifier la jalousie chez l'autre, mettent bien souvent la personne hypersensible dans des situations qu'elle ne comprend pas.

PLACE À L'ACTION !

Ce n'est pas parce que la personne hypersensible n'aime pas la compétition qu'elle n'a pas d'ambition. Ce sont deux choses différentes. Pour avancer dans la vie sans vous laisser déstabiliser par un mouvement général extérieur qui pourrait vous détourner de votre objectif, ou par un objectif qui semble inatteignable, je vous invite à vous concentrer sur l'instant présent et à fixer votre attention sur l'action elle-même, d'y aller étape par étape.

- Pour atteindre mes objectifs, je les décompose en différentes étapes que je liste afin de me concentrer sur chacune d'elles :

....

....

....

....

À FLEUR DE PEAU

Février 1991… Qu'allais-je bien pouvoir faire maintenant ? Après mon départ du salon où j'avais vécu une expérience très difficile, tout redevenait possible. Je retournai donc déposer des *curriculum vitae*, mais, cette fois, avec beaucoup plus d'exigence dans le choix des salons de coiffure. Je ne voulais plus de grands salons franchisés avec un effectif de dix coiffeuses ou plus.

C'est à ce moment-là qu'un ami de mon compagnon me parla de « coiffure de studio ». Cela consistait à coiffer et à maquiller les mannequins pour des photos de mode et des catalogues. Ouah ! Cela devait être trop bien ! Il me proposa alors de me présenter au directeur d'une agence de coiffeurs maquilleurs. Pourquoi pas ? La curiosité me fit accepter.

Le rendez-vous se passa très bien et le directeur de l'agence me proposa de passer un test de coiffure pour apprécier mes compétences et mon niveau concernant les coiffures attachées, tels les chignons, les attaches, etc. Le test fut satisfaisant. Il faut dire que j'avais eu 16/20 en chignon au brevet ;-) Malgré cela, j'avais encore beaucoup à apprendre car, pour la photo, le travail était très différent.

À la suite de cela, le directeur me suggéra de me former au maquillage de studio parce qu'en général, on faisait les deux. Offre que j'acceptai immédiatement. Ensuite, je devrais le suivre sur un ou deux shootings et, petit à petit, il me laisserait partir seule, avec les clients, le photographe et les mannequins… J'étais aux anges !

D'un contact facile, très cool et très simple, cet homme était absolument formidable de générosité, de gentillesse, de douceur et d'attention. Il m'apprenait tout ce qu'il savait, tous les trucs et astuces du métier. Il m'emmenait dès qu'il le pouvait sur les plateaux. Il était marié, et sa femme était tout aussi gentille et douce que lui. C'était un couple hors du commun. Ils possédaient un salon de coiffure dans la banlieue lilloise. Pendant qu'elle restait au salon de coiffure, lui s'occupait des coiffures de studio.

À l'agence de coiffeurs maquilleurs, une autre jeune fille travaillait déjà occasionnellement en cas de surcroît d'activité. Mais il y avait de la place aussi pour moi, visiblement. Il fallait simplement que je me familiarise avec le métier, que je me fasse la main et que je m'habitue à cette façon de travailler. C'était un travail occasionnel mais très bien payé. En trois jours de travail, j'allais gagner autant qu'en un mois dans le salon de Lille. C'était un critère très motivant, c'est certain. Mais ce qui me plaisait le plus, ce qui m'excitait, était d'avoir un job pour lequel j'allais bouger, prendre ma voiture… le train… ou même l'avion, pas rester sédentaire dans un salon derrière un fauteuil. Beaucoup de séances photo se passaient au Maroc… À Miami… Un grand nombre à Miami… Cela me faisait rêver. Non seulement je n'allais pas devoir travailler tous les jours, mais en plus j'allais voyager, rencontrer de jeunes mannequins magnifiques et vivre des aventures formidables. Je croyais vivre un rêve. C'est pour cette raison que je m'appliquais à apprendre le maquillage, les attaches en coiffure et tout ce que j'avais besoin de savoir, comme le relationnel avec le client, le photographe ou les mannequins. C'était un univers tout à fait à part que je découvrais et auquel il fallait que je m'adapte.

Mon employeur m'a donc formée ; tout ce qu'il savait, il me l'a appris. Je ne dis pas que je savais faire tout ce qu'il faisait, mais j'apprenais et je m'appliquais le plus possible. Seul bémol, en coiffure de studio, on fait des chignons, des attaches, on pose des postiches… mais on ne fait pas de coupes de cheveux, et de nouveau je me rendais compte que je n'utiliserais pas les techniques de coupe apprises durant mon stage parisien. Durant ma formation, il m'est arrivé de suivre le directeur de l'agence en Belgique, pour réaliser des photos pour un magazine de mode féminin ultra-branché belge. Nous sommes aussi allés à Ostende faire des photos pour une conceptrice rédactrice et un directeur artistique qui souhaitaient se constituer un *curriculum vitae* commun original. Je l'ai donc accompagné dans plusieurs de ses déplacements avant qu'il ne m'envoie seule en mission.

Les photos de mode pour des catalogues ou des magazines sont prises soit en studio, soit en extérieur. Quand j'ai débuté dans ce métier, j'ai commencé à travailler avec les équipes qui se chargeaient des photos en studio, généralement de petites photos qui montrent le détail d'un article et ne nécessitent pas de décor particulier. Mais le top du métier est de partir en voyage avec toute l'équipe photo et d'aller faire des shootings dans des lieux magiques, dans un décor paradisiaque avec une belle lumière.

Ma toute première mission s'est déroulée à Lille, en studio, pour un catalogue de vente par correspondance, puis je suis allée en Belgique pour le catalogue de saison d'un fabricant de laine, ensuite j'ai effectué une longue mission pour un autre catalogue de vente par correspondance. Une chose était certaine, le travail de coiffeuse de studio me plaisait. Je travaillais de façon irrégulière, jamais au même endroit, toujours en compagnie de personnes différentes. Je rencontrais constamment des gens intéressants, des mannequins sympathiques et je voyais des lieux somptueux.

Puis on m'a proposé un shooting en Belgique qui se déroulait en extérieur, c'était ma première mission avec une équipe photo en extérieur. Certes, pour le décor paradisiaque, le soleil et la belle lumière, on aurait pu rêver mieux. Mais j'avais accepté cette mission en pleine connaissance de cause. Et c'est là que j'ai été confrontée à mes limites dans ce travail. Cette première mission a malheureusement mis un terme à ma carrière de coiffeuse maquilleuse.

En effet, depuis la naissance, je suis atteinte d'une maladie génétique nommée « protoporphyrie érythropoïétique ». Ce nom complexe désigne une forme très accentuée d'allergie au soleil, qui induit une très faible tolérance au soleil (en particulier aux rayons UVB). Selon les heures de la journée, la saison ou la situation géographique, je ne peux ni m'exposer, ni même m'installer à une terrasse trop longtemps, ma tolérance au soleil est d'environ une heure à une heure trente par jour maximum. Si je dépasse cette limite imprécise commence alors l'allergie. Je ressens d'abord des picotements désagréables, qui par la suite se font plus intenses, comme pour m'avertir que mon seuil est atteint, ensuite ce sont des brûlures, puis, dans les situations extrêmes, un œdème des tissus avec une sensibilité de la peau extrêmement élevée à l'eau, à la chaleur, au froid, au frôlement, au frottement, et une grande souffrance. En plus de la douleur, ces crises provoquent une irritabilité, une vulnérabilité, entraînant des réactions d'humeur excessives. En général, elles durent trois ou quatre jours et imposent de rester à l'abri du soleil. Dans ma famille, seuls mon frère et moi sommes atteints de cette maladie. Lorsque nous étions petits, nous savions seulement que nous ne devions pas aller au soleil sans pouvoir mettre un nom sur nos symptômes. Plus tard, à l'âge de dix-sept ans, j'ai décidé de prendre les choses en main et suis allée consulter un dermatologue, puis divers spécialistes. C'est ainsi que cette maladie a été diagnostiquée. Aujourd'hui, je sais que je dois me protéger le plus possible, alors je porte des gants, des chapeaux, des chemisiers à manches longues, ou alors je longe les trottoirs à l'ombre et je traverse rapidement les rues ensoleillées.

Ma carrière de coiffeuse maquilleuse s'est donc arrêtée là. Bien que j'eusse connaissance de ma maladie, je pensais vraiment pouvoir assurer ma mission sans aucun problème. La Belgique n'étant pas connue pour être un pays particulièrement ensoleillé, qui plus est au mois de septembre, je ne me préoccupais nullement du soleil. Lorsque j'ai appris que je faisais ce catalogue, j'étais ravie et très motivée. Au programme : une semaine de shooting. Tout aurait pu très bien se passer, mais, cette année-là, le soleil de septembre s'est avéré bien plus agressif et bien plus fort que celui de juillet ou d'août.

Les journées de shooting démarrent très tôt. Ce sont les mannequins et la coiffeuse maquilleuse qui interviennent en premier. Pas de problème jusque-là. J'aimais mon travail, j'étais contente d'être là et je me donnais à fond pour bien faire. Nous commencions tranquillement la journée dans une chambre d'hôtel par une coiffure et un maquillage de base, puis, rapidement, nous nous rendions sur la plage pour commencer les photos… Et là, le soleil se levait… Toute l'équipe était aux anges… La lumière était belle… Le soleil était au rendez-vous, ce qui n'était pas gagné d'avance… Ils avaient pris un risque, ils le savaient et ils étaient tous enchantés. Moi un peu moins.

Très vite, je me rendis compte que, dès le matin, le soleil tapait très fort, et que l'on allait passer toute la journée sur la plage à shooter… Et que je n'avais rien pour me protéger. Sur la plage, il n'y a pas d'immeuble pour faire de l'ombre, pas de parasol, pas de gants, pas de pause à l'ombre… Rien. Je vis très vite que j'allais être en plein soleil toute la journée. De plus, nous n'étions qu'au premier jour d'un séjour qui en comptait quatre. Une fois de plus, je n'ai rien dit. J'ai joué le jeu, faisant en sorte que personne ne s'aperçoive de rien. Je n'ai pas dit à l'équipe que j'avais cette maladie, que je souffrais, que j'étais très mal, que je ressentais tout simplement des douleurs terribles. Je faisais bonne figure, j'encaissais et je souffrais en silence. Je tournais le dos au soleil et je cachais mes mains autant que possible, mais lorsque je devais coiffer et maquiller, il fallait bien que j'affronte ce soleil implacable. Et il a commencé à me brûler les mains, puis les oreilles, le nez, les lèvres… Toutes les zones très sensibles… J'ai passé toute la nuit les mains dans l'eau froide. Cela me soulageait sur l'instant, mais avait aussi pour effet de faire doubler le volume des mains et d'exacerber la sensibilité de la peau. Le lendemain, il fallut y retourner. Encore une longue journée de shooting en plein soleil… J'ai cru que j'allais quitter le plateau, partir en courant, m'enfuir… Il devenait très difficile pour moi de faire mon travail tant mes mains me faisaient souffrir. Elles étaient très enflées, prêtes à exploser. Une sensation de brûlure par l'intérieur m'étreignait. La douleur me rendait très irritable, et je tâchais de me contenir, ce qui ajoutait encore à ma souffrance.

À la fin de cette horrible deuxième journée de travail, j'ai finalement consulté un médecin. Même si je savais qu'il ne pourrait pas me soigner, j'espérais qu'il me donne quelque chose contre la douleur, ou qu'il me fasse une piqûre de cortisone. Après une longue discussion et tout un travail de persuasion de ma part, le médecin a accepté de me prescrire une injection de cortisone. Mais cela n'a rien changé. J'ai seulement passé une meilleure nuit. Le lendemain, c'était reparti. Œdème énorme. Peau tendue. Douleurs extrêmes et incessantes. J'ai tenu le coup toute la semaine. Personne dans l'équipe ne s'est rendu compte de ce que je vivais.

De retour à Lille, j'étais pétrifiée par une peau et des émotions en tension. J'ai tout lâché et je me suis effondrée en sanglots. Avec du temps et de la patience, mes douleurs se sont apaisées, ma peau a repris son aspect habituel et la douleur a fini par disparaître. Quelques jours plus tard, le directeur de l'agence m'a appelée pour me féliciter : la cliente du catalogue de vente par correspondance avait beaucoup aimé mon travail, apprécié de collaborer avec moi et souhaitait que je m'occupe des coiffures et du maquillage pour la prochaine séance de photos en extérieur organisée… au Maroc. J'étais anéantie, le directeur d'agence était si gentil et j'étais tellement contente d'avoir réussi à faire un travail qui convenait à cette cliente réputée difficile et à m'entendre avec elle humainement, mais je ne pouvais accepter sa proposition. Cela m'était impossible après ce que je venais de vivre, alors je fus dans l'obligation de refuser.

Avec le recul, je me dis que cette hypersensibilité de la peau était peut-être là dès la naissance pour m'avertir que je devais me protéger, pour m'informer de mon hypersensibilité. Ne dit-on pas des personnes hypersensibles qu'elles sont « à fleur de peau » ?

Je me suis alors rendu compte que l'on désire parfois des choses qui ne sont pas bonnes pour nous. Nous n'avons jamais terminé d'apprendre sur nous-mêmes et sur la vie. Que ce soit professionnellement ou personnellement, nous nous devons de toujours consacrer du temps et de l'énergie à apprendre, à nous connaître davantage, à actualiser un savoir, des connaissances, des techniques, mais aussi à aller à la rencontre de l'autre. Si nous restons dans notre univers étriqué, nous évoluons alors dans nos certitudes et nos croyances limitantes, ce qui nous donne seulement l'illusion d'être dans la Vie.

Après ma formation à Paris, cette aventure a été pour moi une deuxième ouverture sur le monde. Ce métier de coiffeuse maquilleuse m'a permis d'approcher un univers totalement différent. C'est aussi cela, grandir. C'est aller à la découverte de ce qui se passe ailleurs, en dehors de sa culture, de son éducation, de son environnement, de ce que l'on croit être le monde. Dans ce monde, il existe de multiples univers, qui sont parfois totalement étanches mais peuvent aussi s'entrecroiser. On accède à ces différents univers par des « portes » : une rencontre, une école, un emploi, une société, une religion, un conjoint, un métier. Ouvrir plusieurs de ces portes nous enrichit, nous développe, nous complète, nous embellit. Grandir consiste à oser prendre des risques et surtout à prendre conscience qu'il existe d'autres manières de faire et d'autres manières d'être que celles dans lesquelles on a grandi. Dans le métier de coiffeuse maquilleuse de studio, j'ai été en contact avec des personnes qui ne voyaient pas du tout le monde tel que je le voyais. Ce job m'a permis de rencontrer des personnes dont les priorités étaient totalement différentes des miennes. Des personnes qui utilisaient leur temps et leur argent à d'autres choses. Il ne s'agit pas de savoir qui a raison et qui a tort. Tout le monde a *sa* vérité. Découvrir cela participe à la compréhension du monde et de l'autre, des autres, à notre liberté intérieure et à notre ouverture d'esprit. Cette période de ma vie a contribué à mon observation du monde.

MON ANALYSE DE COACH

La personne hypersensible est une personne dont on peut dire qu'elle est « à fleur de peau ». Pour Saverio Tomasella, « le mot "sensible" apparaît au XIIIe siècle pour distinguer l'âme sensible de l'âme raisonnable. Cette différence est plus un compliment qu'une opposition, à tel point que "sensible" va longtemps exprimer "sensé". C'est encore le sens de ce mot en anglais. Dès le XVIIe siècle, "sensible" signifie "qui ressent une impression" puis "facilement ému", pour exprimer à partir du XVIIIe siècle "qui a des sentiments humains". » La personne hypersensible est une personne perméable à tout, à toutes les émotions, à tous les sentiments. Trop souvent, elle a tendance à faire comme si cela n'existait pas, à vivre en faisant totalement abstraction de ses ressentis, de ses véritables besoins, pour faire plaisir aux autres. C'est là une autre des spécificités de la personne hypersensible : toujours chercher à faire plaisir à l'autre. Comme le dit Flaubert : « Je suis doué d'une sensibilité absurde, ce qui érafle les autres me déchire. » La personne hypersensible est capable de supporter d'intenses souffrances, de grandes épreuves, elle n'est pas fragile, mais forte.

PLACE À L'ACTION !

Cessez de résister à vos sens qui tentent de vous guider et vous envoient des messages sur ce que vous êtes, sur ce qui vous convient ou ne vous convient pas. Cessez de vouloir absolument faire tout comme les autres. Cessez de résister et accueillez chaque message comme un enseignement privilégié. Autorisez-vous à être aussi précieux qu'une orchidée qui apprécie la lumière du soleil mais pas le contact direct de ses rayons.

- Je prends en considération toutes mes émotions en cherchant leur signification, ce qu'elles m'apprennent de moi-même :

....

....

....

BESOIN DE COMPRENDRE

C'est à mon retour de ma semaine de shooting en Belgique, et après que j'eus refusé la super-mission au Maroc, que mon père m'appela et me dit très clairement :

« Mais pourquoi est-ce que tu travailles encore pour les autres ? Travaille pour toi ! Pourquoi ne viens-tu pas t'installer ici ? Il y a un petit pas-de-porte très bien placé à vendre… Tu n'as qu'à venir ouvrir un salon de coiffure ici, à Dunkerque. »

Et il ajouta :

« Ta sœur va avoir un bébé, il faut que tu sois là. C'est ta sœur, c'est important. En plus, tu seras la marraine du bébé. Il faut que tu sois là ! »

Il a su me dire les choses qui touchent une personne hypersensible et c'est comme cela que, deux semaines plus tard, j'étais de retour à Dunkerque en train de visiter un pas-de-porte. Celui que mon père m'avait conseillé ayant été vendu avant que je n'arrive, j'en visitai un autre, situé juste en face. Un peu plus cher… mais disponible. Ainsi, j'ai accepté de revenir à Dunkerque pour créer mon propre salon de coiffure. Je n'avais que vingt et un ans.

Sans tarder, mon compagnon et moi nous sommes mis à la recherche d'un appartement à Dunkerque. Nous avons trouvé notre bonheur juste en face de ce qui allait devenir mon salon de coiffure. Avant d'emménager dans l'appartement, nous avons tout refait à neuf. Puis les travaux du salon de coiffure ont commencé. J'ai beaucoup de souvenirs de la période de création de mon salon : l'achat du pas-de-porte, la négociation, l'inscription à la chambre des métiers, le choix des matériaux et du mobilier, la disposition des meubles et l'atmosphère que je souhaitais créer…

Et, comme tous ceux qui souhaitent créer leur entreprise, j'ai dû passer par la case « banque ». Mais le rendez-vous pour la signature du prêt ne s'est pas passé aussi simplement que je l'avais espéré.

Mon dossier ayant été accepté par l'établissement bancaire, tout était prêt. Nous étions, mes parents et moi, à la banque pour les dernières formalités. La personne de la banque me demandait différents papiers que je lui tendais au fur et à mesure, jusqu'à ce qu'elle me demande mon inscription à la chambre de commerce. Or, pour mon activité, cette inscription n'était pas obligatoire et, puisqu'elle était payante, j'avais jugé qu'il n'était pas nécessaire de m'en acquitter. Mon interlocutrice nous dit alors :

« Mademoiselle Claeyssen, vous ne vous êtes pas inscrite au registre du commerce, vous ne souhaitez donc pas d'hypothèque. M. et Mme Claeyssen, vous devenez automatiquement caution à cent pour cent en cas de liquidation, c'est bien ça ? »

De quoi parlait-elle ? Je ne comprenais rien. Elle ne m'avait rien dit à ce sujet avant ce jour. Récapitulons : l'inscription n'était pas obligatoire pour la création de mon activité, mais elle l'était pour bénéficier d'une hypothèque auprès de la banque. Il est évident que si cela avait été formulé clairement plus tôt, j'aurais effectué cette démarche bien volontiers. Mais là, à la dernière minute… impossible ! Cela devait probablement être une clause écrite en minuscule au bas d'une page. Quoi qu'il en soit, c'était trop tard, mon père réagit immédiatement et nous annonça :

« Non, je refuse d'être caution s'il n'y a pas d'hypothèque. Il est hors de question que je sois le seul à payer. Je veux qu'il y ait une hypothèque et je veux que le fonds de commerce soit vendu en priorité si tu te casses la gueule. Pourquoi est-ce que tu ne t'es pas inscrite au registre du commerce ? »

Je ne comprenais pas ce qui était en train de se passer. Je constatais seulement que mon père était entré dans une colère noire. Pour moi, il n'y avait pas de rapport entre l'inscription au registre du commerce et le fait de pouvoir hypothéquer un fonds de commerce. J'essayais de comprendre, mais je n'en eus pas le temps, il explosa de colère :

« Non, il est hors de question que je signe. Imagine que tu te maries à un fou qui te fasse perdre la tête, que tu n'ailles plus travailler, que ton salon se casse la gueule, que tu le vendes et que tu partes avec la caisse en me laissant les dettes. Non, pas question ! Il faut que ce soit le fonds de commerce qui paye tes dettes en premier. »

Dans cette situation, je ne pouvais plus réfléchir. Je concevais parfaitement qu'il refuse d'être le premier à payer en cas de dépôt de bilan. Cela pouvait arriver et il fallait envisager et anticiper une telle situation. C'était une responsabilité de signer une caution. Mais la colère et les cris de mon père me déstabilisèrent tellement que j'éclatai en sanglots. Le rendez-vous s'arrêta là.

Le lendemain, j'allais m'inscrire au registre du commerce. Et, quelques jours plus tard, nous nous retrouvions pour la signature du prêt avec mon précieux papier d'inscription au registre du commerce.

MON ANALYSE DE COACH

La personne hypersensible a généralement besoin de tout comprendre, de faire des choses qui aient du sens et qui s'enchaînent dans un raisonnement intuitif échappant bien souvent aux autres. Elle s'applique à éviter de commettre des erreurs ou des oublis. Elle est néanmoins chroniquement insatisfaite et régulièrement contestataire, ce qui lui vaut de nombreux désaccords et des relations conflictuelles. Fréquemment dévalorisée par son entourage, elle est perçue la plupart du temps comme une personne originale, difficile et incompréhensible.

PLACE À L'ACTION !

Je vous invite à vous faire confiance et à oser demander les informations dont vous avez besoin, directement à la personne concernée. Ne tergiversez pas, allez droit au but pour ne plus laisser de questions en suspens. Osez demander pour vérifier et valider.

- Avant de prendre une décision ou d'agir, je pose toutes les questions qui me viennent en tête sans me censurer, et je les liste au préalable pour ne rien oublier :

....

....

....

PERFECTIONNISTE

J'ai donc ouvert un salon de coiffure exclusivement masculin début février 1992. J'ai opté pour un salon messieurs après que mon père, qui était antiquaire à cette époque-là, a rapporté du marché aux puces de Saint-Ouen cinq magnifiques fauteuils de barbier en cuir rouge et chrome provenant de Chicago et datant de 1954. Ces sièges étaient absolument somptueux. Je me souviens encore très précisément de la conversation que nous avons eue lorsqu'il les a descendus de son camion.

– Ça te plaît ? m'a-t-il demandé, très heureux de sa trouvaille.

– Oui, beaucoup..., lui ai-je répondu.

Il pouvait être fier, ces fauteuils étaient vraiment très beaux et ils ont très clairement participé par la suite au succès de mon salon de coiffure.

Seulement lorsque je me suis placée derrière, comme pour coiffer, je me suis rapidement rendu compte qu'ils étaient très hauts : avec mon mètre cinquante-cinq, j'allais avoir des problèmes pour faire mon travail.

Alors, je lui dis :

– Mais ils sont trop hauts pour moi...

– Tu n'auras qu'à prendre un tabouret, me dit-il pour se débarrasser du problème.

– Oui, mais même... Quand je vais devoir poser des bigoudis sur la nuque, les femmes seront gênées.

– Tu n'as qu'à pas faire les femmes, tu n'as qu'à faire que les hommes, me lança-t-il.

Et là, immédiatement, je me suis souvenue de ma préférence à coiffer les messieurs dans mes précédentes expériences. En effet, je me sentais plus à l'aise avec la clientèle masculine pour la facilité de communication, le choix des conversations et le goût des hommes pour des coiffures plus naturelles, plus rapides et plus pratiques. Tout cela me convenait effectivement beaucoup mieux.

De plus, dans les salons mixtes, les hommes sont souvent mis à l'écart ou coiffés trop rapidement, sans doute parce qu'ils rapportent moins. J'allais donc pouvoir innover en les traitant comme des clients à part entière et en créant un salon de coiffure qui leur serait spécifiquement dédié.

C'est ainsi qu'après une rapide réflexion, j'ai décidé d'ouvrir un salon de coiffure exclusivement masculin. J'ai donc étudié une décoration qui plairait aux hommes : du parquet verni au sol – à l'époque, ce n'était pas courant dans les salons de coiffure, on voyait plutôt du carrelage blanc partout –, un plafond en toile tendue de couleur loupe d'orme et des bacs à shampooing couleur bois. Mon père avait chiné un comptoir de magasin ancien pour y installer la caisse, une ancienne vitrine de pharmacie pour présenter les articles destinés à la vente, un portemanteau ancien magnifique, un présentoir année cinquante où j'exposais de vieux bols à rasoir, dont celui de mon grand-oncle coiffeur, d'anciens blaireaux et de vieux plats à barbe. C'est évidemment grâce à mon père que la décoration était aussi réussie. Il possède un immense talent pour toutes ces choses.

Au mur, j'avais accroché des cadres en bois dans lesquels figuraient des publicités anciennes toutes plus belles les unes que les autres : bagages Louis Vuitton, selles Hermès, montres Cartier... J'avais aussi installé un ancien porte-revues sculpté dans lequel les clients disposaient du journal du jour, de magazines consacrés à la géographie, au cinéma, à l'actualité, et bien sûr d'une revue automobile. Je voulais créer un lieu exclusivement réservé aux hommes dans une ambiance où chaque client se sentirait accueilli, aurait l'impression d'être chez lui, dans un environnement créé pour lui et où il se sentirait véritablement à sa place. Je disposais régulièrement des fleurs sur la caisse. Aucune affiche de beaux gosses, de mannequins bien coiffés n'était placardée aux murs. Je voulais que mon salon soit authentique.

J'ai adoré ce salon. J'ai adoré le créer, lui donner une âme, un style, une ambiance. J'aimais son emplacement dans Dunkerque... Boulevard Sainte-Barbe... Pour un barbier, on peut difficilement faire mieux. J'ai adoré les fous rires avec les clients, les soirées Beaujolais, les conversations entre plusieurs personnes qui ne se connaissaient pas forcément, mais qui, le temps d'une coupe de cheveux, échangeaient volontiers, les grosses journées de travail, les jours plus calmes. J'ai aussi apprécié de travailler avec des jeunes filles qui se sont véritablement investies malgré le rythme et la rigueur soutenus que je leur demandais. J'étais très exigeante. J'ai adoré former les apprenties. J'ai adoré ma clientèle, chacun de mes clients. Je les connaissais tous. Je retenais leur nom, leur métier, les prénoms de leurs enfants. J'ai été pour certains d'entre eux une confidente. J'avais un immense respect et une grande affection pour tous mes clients.

J'ai passé un peu moins de sept ans dans ce salon de coiffure et j'y ai vécu des tas d'aventures, rencontré des tas de gens. J'aime beaucoup les nouveaux départs. Et cela en était un. J'ai donc saisi cette occasion et j'y ai mis tout mon cœur, toute ma vitalité et toute ma joie. Je me souviens encore du premier client et de l'événement que ce premier rendez-vous a constitué pour moi.

Le numéro de téléphone du salon de coiffure apparaissait déjà dans les Pages jaunes avant son ouverture, sans que j'en sois informée et sans même que j'en fasse la demande. C'était donc comme cela que ce cher premier client m'a contactée pour prendre un rendez-vous. Lorsque j'ai reçu l'appel, comme il était tout à fait improbable que quelqu'un téléphone pour un rendez-vous, j'ai d'abord cru que c'était une farce. Mais j'ai joué le jeu, j'ai donc programmé un rendez-vous pour le lendemain, jour prévu de l'ouverture. Puis nous avons passé une bonne partie de la nuit à terminer les travaux, à mettre les fauteuils en place, et, tôt le matin, nous sommes allés nous coucher en reportant au lendemain le rangement du petit matériel et les produits à mettre en rayon. Comme prévu, le lendemain matin, j'ai ouvert tranquillement le salon à neuf heures et continué à mettre de l'ordre, quand, à l'heure du rendez-vous pris la veille, un homme est entré. C'était bel et bien un client qui venait pour se faire coiffer. Je ne le connaissais pas et je n'étais pas encore tout à fait prête. Je l'ai accueilli en lui expliquant la situation et il a accepté de rester malgré les conditions. Le ballon d'eau chaude n'avait pas été mis en marche, par conséquent l'eau était froide. Tout le matériel, les peignoirs, les ciseaux, le sèche-cheveux…, était encore entreposé à la cave. Je ne m'attendais vraiment pas à accueillir un client ce jour-là. Ma surprise était donc totale. J'étais très embêtée et mon besoin de perfection était sacrément mis à l'épreuve. Pour me faire pardonner, je lui ai offert le service. C'était pour moi une évidence. Nous avons vécu ce moment-là avec beaucoup d'humour et de complicité. Ce premier client a véritablement pris cette situation avec beaucoup de simplicité. Je ne pouvais espérer un premier client plus patient et plus compréhensif. C'était pour moi le premier jour d'une grande aventure et ce cher monsieur avait véritablement bien ouvert le bal. Par ailleurs, chaque mois, avec une fidélité parfaite, il est venu se faire coiffer, et ce durant mes sept années d'exercice. C'était à chaque fois un grand plaisir de le recevoir.

J'ai rapidement eu beaucoup de travail. J'ai embauché une jeune apprentie au bout de six mois, alors que le bilan prévisionnel ne prévoyait un recrutement qu'au bout de dix-huit mois… Je me suis engagée à fond dans le salon. Et cela faisait déjà plus de quatre ans que le salon tournait à plein régime lorsqu'un jour, alors qu'il était déjà plus de vingt heures, un homme a entrouvert la porte, les cheveux frisés et ébouriffés, et m'a demandé :

– Bonsoir, est-ce que vous pouvez encore me coiffer ?

– Ah oui ! Cette fois-ci, je vais vous coiffer… Je vous ai déjà dit non une fois, mais je ne vais pas vous dire non une deuxième fois !

– Impossible, me répondit-il surpris, je ne suis pas de Dunkerque !

– C'est possible, lui ai-je répondu à mon tour, mais vous êtes déjà venu une fois, il y a environ trois ans, un soir à peu près à la même heure… ou un peu plus tard, même. Le sol était couvert de cheveux, j'étais assise là (je lui montre précisément où), je venais de m'asseoir après une journée très chargée, j'étais épuisée et je vous ai dit : « Non, pour ce soir, c'est fini ! » Je m'en souviens encore.

Il réfléchit, s'avança un plus dans le salon, et me dit en regardant le lieu plus en détail et en levant les yeux vers le plafond :

– Ah, mais oui, vous avez peut-être raison, je ne suis pas de Dunkerque, mais je viens de temps en temps pour le travail et effectivement… Oui, cela me dit quelque chose, c'est possible maintenant que vous le dites !

Cette personne n'était venue qu'une seule fois, trois ans auparavant. Il était juste entré, m'avait demandé de le coiffer, puis était reparti. Et je me souvenais de lui, de sa voix, de son allure… Il ne m'avait pas marquée plus qu'un autre. Je n'étais pas subitement tombée amoureuse. Rien de tout cela. Seulement chaque personne était pour moi importante, chaque client unique. Et je ne considérais jamais un client comme acquis. Je faisais en sorte qu'il soit, à chaque fois, accueilli comme si c'était la première fois. Je m'appliquais très sérieusement dans mon travail. Je considérais mon activité comme une chance. J'aimais ce que je faisais, j'aimais le lieu, l'atmosphère, et par-dessus tout j'aimais mes clients.

Mon niveau d'exigence était très élevé et je me créais beaucoup de pression toute seule, que ce soit dans mon travail ou dans la prestation du salon. Je voyais toujours quelque chose à faire, je ne me posais pas beaucoup et je pensais toujours pouvoir faire mieux. J'avais le souci de satisfaire ma clientèle d'un point de vue humain – l'accueil, le bien-être du client durant son passage au salon – et technique – la qualité des coupes.

Trop souvent, on entend des personnes dire qu'elles appréhendent d'aller chez le coiffeur, de peur qu'il ne raccourcisse trop leur chevelure. La coiffure n'est pas un métier où il suffit de savoir couper les cheveux et de vendre des produits au client. En effet, certains métiers, et notamment dans le commerce, demandent un « supplément d'âme », comme disait l'un de mes professeurs de théâtre en parlant des personnages. Ils nécessitent d'être capable de cerner la personne avec laquelle vous êtes en relation. En un seul regard, vous devez savoir quels sont ses besoins et quelles sont ses attentes, même non formulés. Cela doit se faire très vite, et cela ne s'apprend pas. Cette capacité à ressentir le besoin d'une personne, parfois même avant qu'elle-même ne le verbalise, fait précisément partie des caractéristiques de la personne hypersensible. Je ne m'en rendais pas compte à l'époque, c'était tellement naturel et instinctif pour moi. J'ai chéri mon salon de coiffure pour tout cela. Pour avoir pu être en relation particulière avec chacun de mes clients. Pour avoir pu les écouter, les encourager et les motiver aussi parfois.

Un jour, un client qui avait été licencié brutalement d'une grande enseigne de bricolage, dans laquelle il avait un poste à responsabilité, m'avait confié être à la recherche d'un travail depuis plusieurs mois. Avec beaucoup de pudeur, il m'expliquait qu'à la cinquantaine, il ne s'attendait pas du tout à ce licenciement d'une grande violence, qui faisait suite à un changement de direction. Il me racontait les démarches multiples qu'il avait entreprises pour retrouver un poste équivalent, et aussi les difficultés qu'il rencontrait. Il me livrait ses inquiétudes et l'angoisse de sa famille. À chacune de ses visites mensuelles, il m'exposait l'avancement de ses démarches, les résultats, les espoirs, les entretiens à venir et les objectifs qu'il se fixait. Je me souvenais toujours de tout ce qu'il me racontait et j'avais sincèrement envie qu'il réussisse. Un jour, il a fini par trouver un poste qui était un peu loin de chez lui, mais qui lui convenait parfaitement. J'étais tellement heureuse pour lui et sa famille. Les mois suivants, il continuait à venir, mais de manière un peu plus espacée parce qu'il était plus loin. Puis, un samedi après-midi, il est venu au salon pour me dire bonjour, simplement, et m'annoncer que sa période d'essai était terminée et qu'il était embauché pour un contrat à durée indéterminée. Il était très heureux et venait me remercier avec beaucoup de sincérité pour les encouragements que je lui avais prodigués durant toute sa période de recherche. Il me confia même que cela avait contribué à sa réussite. Je remercie encore du fond du cœur cet homme pour sa confiance, pour nos échanges, pour sa reconnaissance et pour le temps qu'il a consacré à venir me dire cela. Je ne l'oublierai jamais.

Cela ne se passait évidemment pas comme cela avec tout le monde. De telles relations, respectueuses et attentionnées, étaient vraiment rares et précieuses. Certains clients souhaitaient juste que cela aille vite, ils voulaient être servis rapidement et ne pas perdre trop de temps. D'autres désiraient une prestation et une coiffure simple et fonctionnelle. Il y avait aussi des clients timides ou des clients qui voulaient qu'on les laisse lire tranquillement, des clients qui venaient pour se faire dorloter et qui étaient contents d'être là… Et d'autres qui venaient pour bavarder. Et pour tous ces clients-là, il était utile d'avoir ce supplément d'âme. Il fallait simplement être là, à l'écoute, pour pouvoir satisfaire leurs attentes.

Un samedi matin, alors que nous étions, les filles et moi, prêtes pour démarrer une journée bien chargée, la fleuriste d'en face entra vers 10 heures avec une rose emballée qu'elle déposa sur la caisse, me sourit et sortit. Entre deux clients, j'allai regarder de plus près ce beau présent… Il n'y avait pas de carte ! Je déballai la rose et la mis dans l'eau. Puis je retournai m'occuper de mes clients. Une heure plus tard, la fleuriste traversa de nouveau la rue et déposa, cette fois-ci, trois roses emballées sur la caisse… J'allai de nouveau vérifier s'il y avait une carte. Toujours pas. Je mis les fleurs dans l'eau et poursuivis mon travail. Une heure précise plus tard, je vis de nouveau la fleuriste traverser… et déposer sur la caisse cinq magnifiques roses emballées.

« Qui est-ce ? » lui demandai-je précipitamment avant qu'elle ne reparte.

Elle me fit signe d'un geste de la main qui passa sur ses lèvres signifiant : « Bouche cousue. Je ne peux rien dire. »

Je m'approchai du bouquet… Toujours pas de carte. Rien ! Je mis les roses dans l'eau et retournai travailler.

Une heure précise plus tard, encore le même manège de la fleuriste.

« Ah non ! lui dis-je… Je ne peux plus les accepter. Je ne sais pas de qui viennent ces fleurs ! »

La fleuriste me fit alors le même geste, accompagné d'un petit sourire, puis repartit…

Dès que j'eus terminé de coiffer mon client, je traversai à mon tour la rue pour demander à la fleuriste qui m'offrait toutes ces roses… À ce moment-là, elle m'expliqua qu'elle ne pouvait rien me dévoiler. Que son client lui avait demandé de ne rien dire. Elle me lâcha simplement, dans un sourire complice et joueur, que c'était un admirateur.

Je retournai donc à mon ouvrage sans connaître le nom de ce fameux admirateur, mais transportée par ce divertissement… Et chaque heure, jusqu'au soir 19 heures, la fleuriste traversait la rue pour me livrer un bouquet à chaque fois augmenté de deux roses. J'étais à la fois émerveillée et enchantée de recevoir ces fleurs avec cette mise en scène plaisante, insolite et originale, mais j'étais aussi très embarrassée et intriguée de ne pas connaître le nom de la personne qui m'offrait toutes ces roses rouges. Sa capacité à rester secrète si longtemps me troublait et m'impressionnait. En fin de journée, ce fut l'étonnement et l'incompréhension : le dernier bouquet que m'apporta la fleuriste était une botte de poireaux dans du papier journal. Qu'est-ce que cela pouvait bien vouloir dire ? Je ne comprenais pas et je n'ai jamais compris. Et une heure avant la fermeture, la fleuriste revint et me remit cette fois une carte postale sur laquelle l'auteur de toute cette scénographie avait rédigé un magnifique poème, une véritable déclaration d'amour qu'il avait signée. En toute fin de journée, il est venu se faire coiffer. L'histoire s'est arrêtée là. Et le client est reparti, triste et déçu, mais bon joueur. Le charme de cet épisode et l'intrigue de toute cette journée ont été merveilleux, mais je ne suis pas allée plus loin. J'ai partagé chacun de ces moments palpitants avec toutes les personnes présentes dans le salon à ce moment-là. Nous avons véritablement passé une journée pas comme les autres.

Chaque jour comportait son lot de surprises. Ainsi, un jeune homme m'a raconté un jour avoir été agréablement surpris par une de mes réponses lors d'une conversation avec un autre client.

Lors de cette conversation, je demandais au client installé à côté de lui :

– Qu'est-ce que vous faites, comme métier ?

Et le client me répondit avec une extrême brièveté :

– Éboueur.

Sa réponse était tombée de sa bouche telle une masse. Rien avant. Rien après. Éboueur. Point. Il me regardait et attendait une réponse de ma part. Je sentais que c'était difficile pour lui, qu'il n'était pas à l'aise avec l'image que cela représentait et que cela lui posait un problème.

Je répondis simplement après un très bref temps d'observation :

– Ah ! Bien. Ce sont des gens qui se lèvent tôt, les éboueurs. Vous devez être très courageux !

Immédiatement après, le client a relevé la tête et son visage s'est éclairé. Il s'est ensuite relâché et a poursuivi la conversation de bon cœur.

Le jeune homme qui écoutait la conversation m'a expliqué plus tard que ce qui l'avait surpris, c'était que j'avais réussi à retourner le sentiment que ce client ressentait vis-à-vis de son métier et à modifier le regard qu'il en avait.

Le métier de coiffeur a été pour moi d'une richesse incroyable. Il m'a permis d'être en relation avec la nature humaine dans toute sa diversité. Mais au bout de quelques années de travail intense, je suis tombée malade. Le médecin a diagnostiqué une hypothyroïdie, dont les principaux symptômes sont une grande fatigue, accompagnée d'un état dépressif et d'une prise de poids importante. Je me sentais très fatiguée, je pleurais sans raison et j'avais pris plus de quinze kilos. Je ne pouvais plus me regarder dans un miroir tellement j'avais grossi et je portais des vêtements trop grands pour que cela se voie moins.

Cet investissement personnel physique et émotionnel intense m'a totalement épuisée. Je n'ai pas réussi à dire stop, ni à prendre soin de moi. En sept ans, j'avais pris à peine trois semaines de vacances, et je n'arrivais pas à récupérer de toute cette fatigue accumulée.

MON ANALYSE DE COACH

La personne hypersensible a souvent une tendance à rechercher la perfection. Elle a une capacité à s'invertir dans ce qu'elle fait avec une grande ferveur, beaucoup d'intensité et de volonté en s'attachant aux moindres détails. Elle a une vision à la fois globale dans l'élaboration d'un projet et spécifique dans sa réalisation. Elle a une capacité à se concentrer sur chaque détail et s'obstine jusqu'à obtenir le résultat désiré quel que soit le temps qu'elle y passe. Ce qui est satisfaisant pour les autres l'est rarement pour la personne hypersensible, qui va souvent relever les différences plutôt que les concordances. Ce qui lui vaut, là encore, beaucoup de désaccords. Lorsqu'une personne hypersensible se lance dans un nouveau projet, son désir d'y arriver n'a pas de limite. Elle s'y consacre entièrement, ne compte pas son temps et n'économise pas son énergie. Elle éprouve un réel plaisir à relever des défis et s'en fixe toujours de nouveaux. Mais elle profite rarement de ses succès, car, généralement, elle a déjà une nouvelle idée en tête.

La personne hypersensible ne se satisfait que très rarement de ce qu'elle a acquis. Non pas qu'il lui en faille toujours plus, mais elle a besoin de découvrir et d'apprendre de nouvelles choses.

Malheureusement, cette soif de connaissance, de perfection, et son exigence vis-à-vis d'elle-même la conduisent très souvent à l'épuisement. C'est bien souvent à la suite d'un tel épisode que la personne hypersensible se pose, réfléchit puis repart.

PLACE À L'ACTION !

Je vous invite à diminuer parfois certaines de vos exigences et à accepter l'aide des autres pour diminuer la charge de travail que vous avez tendance à porter seul. Osez déléguer certaines tâches même si celles-ci ne sont pas toujours accomplies comme vous aimeriez qu'elles le soient. Par ailleurs, les autres peuvent aussi apporter des idées nouvelles ou différentes. Osez l'imperfection pour plus de légèreté, osez la légèreté pour plus de bien-être et d'harmonie.

- Pour ne plus me perdre dans les détails ou m'épuiser à rechercher la perfection, je détaille toutes les actions que je pourrais déléguer :

....

....

....

....

DIFFICULTÉ À FAIRE DES CHOIX

« C'est par le plein engagement dans chaque détail de sa vie qu'il devient possible de trouver le bonheur et non par une recherche directe. »

Mihaly Csikszentmihalyi, *Vivre la psychologie du bonheur*[7]

Les choix que nous faisons tout au long de notre vie nous orientent, nous définissent et nous conditionnent. Certaines personnes pensent que certains choix sont un détail, comme celui de notre prochaine paire de chaussures ou celui de notre menu du soir, qu'ils n'ont pas énormément d'impact sur notre vie. Eh bien, pour les hypersensibles, chaque choix a son importance. Ils font partie de ces gens qui ont le sens de la précision et qui font attention à chaque petit détail.

La difficulté à faire des choix et le perfectionnisme sont des caractéristiques propres aux personnes hypersensibles. Ce n'est pas toujours facile à vivre. Ni pour soi ni pour les autres. La personne hypersensible a conscience que chacun de ses choix fait d'elle ce qu'elle est, ce qu'elle veut être ou ce qu'elle va devenir. Chaque choix, que ce soit une paire de chaussures, un repas, un ami, un parfum, un vêtement, une voiture, a son importance et a un impact plus ou moins grand sur sa vie. Il n'y a pas de petits choix, pas de petits bonheurs, pas de petits arrangements, pas de petites mesures.

7. Pocket, 2006.

Pour l'hypersensible, sélectionner une paire de chaussures, par exemple, peut se révéler être un véritable cauchemar. Vous n'aurez pas la même attitude avec des talons hauts, des ballerines, des tongs ou des baskets. Vous ne verrez pas les personnes à la même hauteur, vous ne vous présenterez pas de la même manière. Ce choix se fait en fonction des personnes que l'on doit rencontrer dans la journée, de ce que l'on a planifié durant cette journée. Êtes-vous la mère de famille, héroïne de ses enfants, qui parcourt tout Paris sur la pointe des pieds, légère et toujours alerte ? Êtes-vous l'hôtesse d'accueil d'une société de marketing ? Êtes-vous la directrice de la communication d'une multinationale ? Le choix d'une paire de chaussures indique qui vous êtes, ou bien qui vous voulez être à ce moment-là.

Concernant le choix de votre menu, allez-vous dîner d'un plat surgelé à réchauffer ou vous cuisiner une recette à base de produits frais ? Ce dîner indique la personne que vous êtes ou celle que vous voulez devenir. Votre manière de vous alimenter montre comment vous vous percevez, quel respect vous avez de vous-même. Peu importent tous les prétextes ou toutes les justifications que vous pouvez apporter. Respectez-vous votre corps en faisant attention à ce que vous y faites entrer ? Respectez-vous votre entourage en lui donnant ce que vous lui donnez ? Certes, les conséquences de ces choix-là sont moins lourdes que le choix de changer de métier, de quitter son conjoint, de déménager, de changer d'environnement ou de quitter un pays. Des choix importants, lourds et qui ont des conséquences importantes dans une vie.

Des choix qui ont pesé sur l'ensemble de ma vie et qui ont fait de moi la femme que je suis aujourd'hui, j'en ai fait. J'ai fait des choix importants et risqués, mais aussi des choix moins importants, mais qui, à mes yeux, ont aussi leur importance et leurs répercussions. Une personne hypersensible laisse peu de choses au hasard, ou alors le hasard doit être un choix délibéré.

Notre vie, nous la construisons à chaque instant, dans chacun de nos choix. Notre bonheur, nous le construisons dans chacune de nos pensées, dans chacune de nos émotions, dans chaque chose que nous faisons, que nous pensons, que nous ressentons, que nous entendons et que nous voyons. La chanson *Des petits arrangements avec la vie* composée par Léonard Vindry pour le film *Qui m'aime me suive* de Benoît Cohen en parle très bien : les petits arrangements avec la vie, c'est « beurk », c'est « dégueulasse », c'est « petit, petit, petit, petit, petit, petit ». Une personne hypersensible ne sait en général pas faire de petits arrangements avec la vie. Les personnes hypersensibles sont des êtres intègres, justes, droits et authentiques qui vont au fond des choses. Elles sont très souvent perçues comme importunes à cause de leur sens impérieux de la justice qui les amène parfois à pousser les autres dans leurs derniers retranchements, mais aussi parce qu'elles n'apprécient pas les petits arrangements avec la vie, faits en douce ou par défaut, qu'elles ont un immense besoin que les choses s'enchaînent de manière fluide et cohérente dans un souci d'harmonie et d'équilibre.

« Être heureux, c'est apprendre à choisir. Non seulement les plaisirs appropriés, mais aussi sa voie, son métier, sa manière de vivre et d'aimer. Choisir ses loisirs, ses amis, les valeurs sur lesquelles fonder sa vie. Bien vivre, c'est apprendre à ne pas répondre à toutes les sollicitations, à hiérarchiser ses priorités. »

Sénèque

MON ANALYSE DE COACH

Une personne hypersensible a de réelles difficultés à faire des choix. Elle n'a aucune difficulté à distinguer, comme une évidence, ce qui est bon pour l'autre, mais pour elle-même, c'est une tout autre histoire. Elle n'y arrive pas, parce qu'elle n'a pas le recul nécessaire. C'est une grande frustration parfois. Quand il s'agit de faire un choix personnel, la personne hypersensible va hésiter longuement, puis elle va choisir, mais ensuite revenir sur ce choix si c'est encore possible. Cela s'explique par le fait qu'en choisissant quelque chose, elle renonce à toutes les autres possibilités. Cette difficulté, indissociable de son besoin de perfection, d'harmonie et de cohérence, va se retrouver dans les plus petites décisions à prendre. Parfois, par peur de se tromper, elle va même laisser quelqu'un d'autre décider à sa place, mais sans être satisfaite pour autant. Cette incapacité à faire des choix pour elle-même crée une véritable souffrance chez la personne hypersensible qui se sent impuissante à savoir ce qui est bon pour elle.

PLACE À L'ACTION !

Un bon exercice pour apprendre à faire des choix plus facilement consiste à poser la question du choix au corps en →

procédant de la manière suivante : concentrez-vous sur un choix précis, puis, sur l'un des éléments de votre choix, nommez-le, visualisez-le, sentez-le, ensuite, en fermant les yeux, dites-vous : « Je choisis (nom de l'élément) », observez ce qui se passe dans votre corps et répondez à la question : « Est-ce lourd ou est-ce léger ? » Si ce que vous ressentez est plutôt une sensation d'ouverture, de légèreté et de bien-être, c'est que la réponse est oui. Si vous ressentez plutôt une sensation de fermeture, de lourdeur et de mal-être, c'est que la réponse est non. Faites cela avec chacun des éléments à choisir et arrêtez votre choix sur celui qui provoquera la plus grande sensation de légèreté. Faites confiance à votre corps, il ne se trompe jamais.

- Je teste l'exercice ci-dessus en commençant par des choix sans beaucoup d'importance. Par exemple, le choix d'un plat au restaurant.

PASSIONNÉE

Quelques jours seulement après l'ouverture de mon salon à Dunkerque, je m'imaginais déjà passer toute ma vie derrière ces mêmes fauteuils, à regarder les façades des mêmes boutiques d'en face, à glisser chaque jour, à la même heure, les clés dans la même serrure et à refermer chaque soir cette même porte. Je m'imaginais à soixante ans être encore derrière un fauteuil en train de coiffer. Malgré ma passion pour mon travail et pour mes clients, je me sentais prisonnière, prise au piège. Une angoisse m'envahissait chaque fois que je mettais la clé dans la serrure de la porte d'entrée pour ouvrir le salon. Je me demandais alors : « Comment vais-je faire pour partir d'ici ? » J'imaginais que ma vie allait s'écouler là et que je ne verrais pas le temps passer, que je serais simplement le témoin de la vie des autres. Cette sensation de passer à côté de ma vie devenait de plus en plus intolérable avec le temps.

Cependant, j'avais une chance incroyable. À vingt et un ans, j'avais créé mon propre salon de coiffure, au centre de Dunkerque. Un salon dans lequel il était fort agréable de travailler hiver comme été… L'hiver, à regarder la neige sur les trottoirs et les passants tenter de ne pas tomber ; et l'été, à travailler à l'abri du soleil, la porte ouverte pour laisser entrer une légère brise. Je pouvais décider de tout, mettre la musique que je voulais, faire tout ce que je voulais. J'avais des clients formidables, avec qui je créais de véritables liens, un travail qui me plaisait, un salon qui marchait très bien. J'aurais pu continuer à faire de la coiffure, mais je voyais les années qui défilaient vite, très vite. Et je me voyais travailler, travailler et travailler encore… J'en suis arrivée à me demander quand et comment la machine infernale allait s'arrêter. Non seulement je suffoquais dans cette situation, mais surtout je me demandais pourquoi. Pourquoi faire tout cela ? Pourquoi travailler autant ? Pour payer une maison dans laquelle je n'étais que pour dormir ? Pour payer des vacances que je ne m'autorisais pas à prendre ? Des vacances pendant lesquelles je n'avais envie que de dormir pour récupérer ou de ne rien faire parce que je n'en pouvais plus de toujours travailler et de « faire des choses » ? Pour qui ? Je ne voyais pas de sens à tout cela. Réussir… Oui, j'étais en train de réussir dans le domaine professionnel, de réussir ma vie financière et matérielle, mais j'étais surtout en train d'échouer dans ma vie personnelle, j'étais en train de me perdre, de perdre le sens de ma vie. Alors j'ai décidé de cesser cette course infernale.

« J'ai fait le serment de ne pas laisser l'argent ruiner ma vie. »

Steve Jobs

Un soir, peu avant dix-huit heures, alors que le salon était bondé, que plusieurs personnes, les cheveux mouillés, attendaient silencieusement leur tour, un jeune client leva la main comme on lève le doigt à l'école et me demanda :

– Est-ce que vous pensez que je serai sorti à dix-huit heures quarante-cinq ? Parce que j'ai mon premier cours de théâtre de l'année et je ne voudrais pas être en retard.

Et là, cela ne fit qu'un tour dans ma tête : « Du théâtre, il fait du théâtre… J'adore ! Toute petite déjà, je voulais faire du théâtre !!! Ouah ! »

– Oui, bien sûr, pas de problème. Vous serez sorti ! lui répondis-je rassurante.

C'est comme si les murs de ma prison mentale tombaient… Comme si je trouvais soudain une porte de sortie.

Lorsque vint enfin le tour de ce client, je dus le coiffer rapidement pour respecter ma promesse, mais cela ne m'empêcha pas de lui poser tout un tas de questions :

– Du théâtre, vous faites donc du théâtre ?! Depuis combien de temps ?

– Depuis plus de deux ans maintenant.

– Avec qui est-ce que vous faites du théâtre ?

– Avec Hervé Degunst, un professeur très sympa.

– Et cela se passe où ?

– Dans les sous-sols du théâtre du Bateau-Feu !

– Comment est-ce que cela se passe ?

– C'est cool généralement, on est un petit groupe, on joue des scènes chacun à notre tour.

– Et vous dites que c'est le premier cours ce soir ?! J'ai toujours rêvé de faire du théâtre !

– Eh bien venez voir comment ça se passe, si vous voulez… Je vais prévenir le professeur que vous arriverez un peu plus tard et l'on vous gardera une place !

– Vraiment ? Croyez-vous que c'est possible ? l'interrogeai-je de nouveau, émerveillée.

– Oui, bien sûr, je m'en occupe, me dit-il avec un large sourire.

Une heure plus tard, j'avais fermé le salon avec précipitation. Et j'arrivais à ce qui fut mon tout premier cours de théâtre. Mon client avait effectivement prévenu le professeur qu'une personne arriverait avec un peu de retard. J'étais là… un peu en retrait… à la fois enchantée et pleine de trac. Tous étaient là… Tous ceux qui, plus tard, allaient devenir mes amis. Une bande d'amoureux des planches, de l'amusement et du plaisir partagé.

Scotchée… je découvrais encore un univers différent… Je les regardais tous, admirative, chacun leur tour « passer un texte », dans la plus grande simplicité, un livre à la main, ou pas selon qu'ils étaient débutants ou non. J'étais charmée par tout ce que j'entendais. La poésie, les vers, la prose… Chaque mot, chaque phrase réveillait en moi d'intenses émotions. Soit des rires, soit des larmes que j'essayais de cacher. Cela me révélait un monde intérieur endormi. J'en avais des frissons. Un nouveau monde s'ouvrait à moi. Je rencontrais des personnes simples, joyeuses, curieuses des autres et généreuses. Le professeur était d'une douceur et d'un calme olympien que rien ne perturbait. Vers la fin du cours, il se tourna gentiment vers moi et me demanda avec beaucoup de bienveillance :

– Ça va ?

– Oui…, répondis-je timidement.

– Tu vas nous passer quelque chose ?

Il me tendit *Paroles*[8] de Jacques Prévert et m'invita à choisir un poème. Après en avoir sélectionné un, je me levai et, la gorge nouée, commençai à déclamer. J'étais à la fois intimidée et pleine de désir, d'excitation et d'impatience. Je sentais que je devais absolument dépasser cette peur. Je sentais

8. Gallimard, 1949 (première parution).

l'importance de cette étape. J'avais un peu bafouillé, mais lorsque j'eus terminé, je relevai la tête et vis devant de moi des visages souriants et attentifs. Une joie profonde et pure s'empara de moi et le désir intense de recommencer ne me quitta plus jamais. J'y retournai la semaine suivante, puis la semaine d'après, et cela pendant près de trois ans.

C'est ainsi que le théâtre a commencé à s'exprimer, à prendre vie, à prendre corps en moi et à m'éveiller à la vie. Insatiable, je m'inscrivis en parallèle à des cours à Grande-Synthe où j'avais Nadine Demarey et Philippe Carpentier comme professeurs et où je travaillais un texte burlesque, *Les Diablogues* de Roland Dubillard. L'année suivante, j'allais aussi à Lille suivre des cours au Gymnase de Roubaix avec David Conti et Vincent Goethals. Rien ne m'arrêtait plus. J'enchaînais les scènes, les textes et les cours. Avide d'émotions et de beaux sentiments, je lisais toutes les pièces de théâtre que l'on travaillait en cours mais aussi des textes de littérature classique. J'avais également un abonnement au théâtre du Bateau-Feu à Dunkerque où nous allions, avec les copains et les copines du cours, voir pratiquement toutes les pièces. Nous participions aussi à des animations dès que nous en avions l'occasion. C'était une merveilleuse période d'éveil des émotions, de découverte du dialogue, de curiosité pour un monde nouveau et de verbalisation à la fois des ressentis, des émotions et des sentiments.

Je cumulais donc le travail au salon de coiffure toute la journée, les cours de théâtre à Lille, à Dunkerque ou à Grande-Synthe, et l'entraînement de Filou, mon cheval, plusieurs fois par semaine. Ce cheval a énormément compté pour moi, j'étais la seule à pouvoir m'occuper de lui et à pouvoir le monter. C'était un jeune cheval qu'il fallait dresser pour la seconde fois car il avait été abandonné par sa précédente propriétaire. Il appartenait à un fermier qui me le louait. J'allais le voir dès que possible, soit pendant l'heure du déjeuner, soit le soir après ma journée de travail ou le lundi. Le midi ou le soir, il m'arrivait aussi de donner un coup de main au restaurant familial... Je n'avais pas le temps de m'ennuyer !

Qui étais-je ? Je faisais énormément de choses, de manière automatique, pour ne pas avoir le temps de réfléchir et ne pas prendre conscience de ce qui se passait réellement en moi, dans ma tête et dans mon cœur. Ma vie n'était plus qu'une accumulation de choses à faire... Et après ? Pourquoi faire tout cela ? Pour éviter quoi ? Pour éviter de me poser des questions, pour éviter de ressentir... Pour éviter de savoir réellement qui j'étais... Faire pour avoir l'impression d'être.

Mais toutes ces activités sont devenues très difficiles à assurer. Mon corps a soudain dit stop. J'étais épuisée, j'avais pris quinze kilos et je n'étais plus à l'aise dans mon corps. Malgré toutes ces activités pour éviter de penser, j'avais des angoisses quotidiennes grandissantes. J'ai alors décidé de m'arrêter pendant une semaine pour me reposer. Je suis partie seule, dans un lieu où je savais pouvoir me reposer et prendre contact avec la nature. Je n'y ai fait que dormir, pleurer, lire et écrire, pendant toute la semaine. Je faisais tout simplement un burn-out. Seule. Dans mon coin. Je saturais. J'avais besoin de lever le pied et de prendre du recul.

À mon retour, j'ai commencé à voir les choses différemment, et à agir autrement. J'ai commencé par travailler un peu moins au salon et je me suis mise à lire un peu plus à la maison. Je me suis passionnée pour les grands classiques et les pièces de théâtre. Je me suis rendu compte peu à peu, grâce à toutes ces lectures, au travail des personnages de théâtre et de cinéma, à l'incarnation d'autres visions du monde au travers de ces personnages, d'autres façons de penser, d'agir et de ressentir, que ma vision du monde s'élargissait. C'est à partir de là que j'ai compris et validé par mon expérience que la réflexion, la pensée et la culture sont des activités essentielles au développement et à l'épanouissement de l'individu. Que ce soit la lecture, le théâtre, le cinéma, la peinture ou la sculpture, la culture sous toutes ses formes. Progressivement, j'ai intégré que la manière dont je fonctionnais n'était pas la seule et qu'il y avait d'autres façons de faire et d'être. Et ce, essentiellement dans le domaine des émotions. En effet, dans le contexte familial dans lequel j'ai grandi, on me disait : « Ne pleure pas, ça ne sert à rien ». Il m'était interdit d'exprimer et donc de ressentir des émotions telles que la tristesse, parce que cela « ne se faisait pas » ou que « c'était mal vu ». Je m'étais donc habituée à censurer en moi la moindre manifestation de tristesse, mais aussi à refouler tout ce que je pouvais ressentir, à ne pas écouter mes émotions et à ne pas m'écouter. On m'avait appris que les émotions ne valaient pas la peine que l'on s'y attarde, que cela ne servait à rien et ne rapportait rien.

Le théâtre et la littérature m'ont peu à peu permis de prendre conscience que les émotions sont naturelles, qu'elles peuvent exister, être ressenties et être exprimées. Qu'elles ne sont pas inutiles ! Qu'il est licite de parler de ce qui se passe à l'intérieur de soi et à l'extérieur de soi ! Ce changement a été un véritable bouleversement. Enfin je comprenais, je voyais et je lisais qu'ailleurs cela se passait parfois autrement. J'apprenais et je me rendais compte aussi que les émotions étaient la matière première pour être une bonne comédienne. C'est par le théâtre et la littérature que je suis progressivement sortie de mon fonctionnement, de l'armure que je m'étais construite pour survivre dans un environnement hostile où l'on m'interdisait de ressentir et d'exprimer mes émotions. Ils ont été une fenêtre ouverte sur le monde, ils sont venus petit à petit bousculer ma vision étriquée du monde. Grâce au théâtre, à la littérature, à mes amis de théâtre et à Filou, j'ai peu à peu découvert le monde des émotions, l'amour partagé, la valeur du silence, la profondeur d'un regard, la richesse d'une caresse, la fertilité d'une conversation éclairée, la sensualité d'un geste, la générosité d'un cœur simple, mais aussi l'aridité des âmes égarées, la pauvreté de ceux qui n'ont que l'argent, l'indifférence des cœurs desséchés, les regards dépourvus d'amour, la froideur des paroles habitées par la jalousie et l'envie, la tiédeur, l'apathie et la cruauté banalisée. Ces découvertes étaient chaque jour des trésors cachés que je déterrais.

MON ANALYSE DE COACH

La personne hypersensible est passionnée. Généralement, lorsqu'elle se découvre un intérêt ou un amour pour quelque chose, elle s'investit totalement et a des exigences très élevées. Elle se motive très facilement quand quelque chose lui plaît, elle est créative et déborde d'idées. Elle a une tendance naturelle à mettre en pratique ce proverbe de Confucius : « Choisis un travail que tu aimes et tu n'auras pas à travailler un seul jour de ta vie. »

La personne hypersensible peut aussi avoir plusieurs centres d'intérêt à la fois et consacrer du temps à chacun d'eux. Elle aime la diversité, le changement et s'arrange pour pouvoir faire tout ce qui l'intéresse. Pour vivre une vie épanouissante, elle a besoin de se donner entièrement à ce qu'elle fait.

Toutefois, il arrive aussi que l'adulte hypersensible ne sache pas quelle est sa passion. Attiré par de nombreuses activités, soit il n'a pas su faire un choix, soit il n'a pas eu l'occasion ou la possibilité de s'essayer à telle ou telle activité. Il reste alors en suspens.

PLACE À L'ACTION !

Autorisez-vous à pratiquer une activité artistique, manuelle ou culturelle, sans forcément chercher à professionnaliser cette activité. Cela vous permettra sans doute de combler ce sentiment de vide qu'expriment de nombreux hypersensibles. De le combler pour ensuite pouvoir vous exprimer.

→

- J'énumère tous mes centres d'intérêt (art, culture, loisirs créatifs...) pour trouver un moyen d'expression qui m'épanouisse et je me lance dans cette nouvelle activité :

....

....

....

....

INTUITION

Au retour de cette semaine de repos, j'étais encore très mal. Malgré la présence des personnes qui m'entouraient, je me sentais seule, un trouble grandissait en moi, le questionnement du sens de ma vie, de mon travail et de mes relations personnelles me tourmentait constamment.

Quelques mois auparavant, j'avais acheté une maison dans laquelle il y avait de très gros travaux à faire, dont certains étaient déjà bien avancés. Un soir, mon frère aîné vint me rendre visite dans cette maison. Après avoir fait le tour pour voir l'avancement des travaux, il me dit très spontanément : « Qu'est-ce que c'est beau, ta salle de bains ! Elle est magnifique ! Ah non ! Je ne veux plus jamais t'entendre dire que ça ne va pas ! Tu ne peux pas dire que ça ne va pas avec une salle de bains pareille ! »

Telles furent, mot pour mot, ses paroles. Je restai sans voix. J'étais stupéfaite. Je ne m'attendais pas du tout à ce genre de remarque. Je n'attendais rien de particulier, mais ce raisonnement était totalement irrecevable pour moi. Un abîme se creusait entre nous. Je me sentais totalement incomprise. Je recevais comme injonction d'aller bien parce que j'avais une belle salle de bains. Cela n'avait pour moi absolument aucun sens. Une telle affirmation est un déni de la sensibilité de l'autre, de sa souffrance.

Les proches pensent souvent nous faire du bien, nous booster, en nous disant ce qu'ils pensent et comment ils voient les choses avec leur conception du monde et leurs propres croyances. Ils nous disent avec des conseils de bon sens comment ils feraient à notre place et comment nous devrions faire. Ils ne savent pas qu'en réalité, en nous parlant ainsi, ils peuvent aggraver la situation, et réduire à néant le peu d'espoir qu'il nous reste. En faisant cela, ils ne tiennent pas compte de la personne à laquelle ils s'adressent et de ce qu'elle ressent.

Grâce au théâtre et à la littérature, j'ai pris conscience que certaines personnes se parlent de ce qu'elles ressentent, de ce qui se passe à l'intérieur d'elles, de leur monde intérieur et de leurs relations avec les autres. Que le fait de parler de ce que l'on ressent ne signifie pas nécessairement qu'il y a « un problème ». Que nous ne sommes pas obligés de toujours montrer un visage réjoui, que l'on peut simplement discuter sans que cela soit conflictuel, ou sans être perçu comme une personne dérangée ou folle. J'ai pris conscience que chacun a ses propres soucis, qu'il essaie de résoudre ou pas, mais que tout le monde ne les cache pas, ou ne cherche pas à les nier. J'ai pris conscience que le simple fait de nier ses émotions, ses besoins, sa vie intérieure peut justement générer un problème.

Jusque-là, je fonctionnais en mode « robot », mais désormais je comprenais que j'avais aussi des émotions et que je devais en tenir compte. J'ai compris que je n'étais pas à la disposition de l'autre, que je n'étais pas née pour faire plaisir à l'autre, que je n'étais pas à sa merci. Je n'étais plus disposée à entendre des remarques, des reproches, des piques et des jugements. C'est comme si je m'étais « débranchée de la matrice » et que je m'étais mise soudainement à respirer, à sentir, à ressentir, à penser et à réfléchir par moi-même.

Cependant, certaines personnes, et principalement l'entourage proche, ne sont pas toujours prêtes à accepter le changement d'une personne, particulièrement si ce changement va dans le sens d'une amélioration de son bien-être. En effet, au sein d'une famille, le changement de paradigme d'une seule personne peut être déséquilibrant pour les autres membres de cette famille. Ainsi, très souvent, l'entourage, habitué à ce que la personne hypersensible donne de son temps, de son attention, de son argent, de son amour, de son talent, de son être sans jamais rien attendre en retour, ne comprend pas ou parfois n'accepte pas que la personne hypersensible change d'attitude, qu'elle se respecte davantage, s'aime davantage, pense et fasse plus de choses pour elle. Lorsque la personne hypersensible arrive à faire ce travail de dissociation, elle se rend compte qu'elle est un être à part entière, qu'elle a un cœur, une âme, une conscience, une vie intime, une vie privée ; qu'elle peut s'occuper d'elle, de son travail, de sa vie sociale, de ses valeurs, de ses désirs. Lorsque la personne hypersensible réussit à réaliser ses propres projets sans se laisser diriger, alors c'est un nouveau départ et c'est tout un processus d'évolution qui se met en marche.

De plus en plus investie dans le théâtre, je trouvais de moins en moins de sens à mon travail. Je comprenais de moins en moins pourquoi je travaillais autant ou pour qui. J'avais le sentiment de devoir travailler de plus en plus, simplement pour payer de plus en plus d'impôts et de charges. J'avais été aveugle sur beaucoup de choses et j'avais envie d'apprendre et d'en savoir davantage. Je ne savais pas du tout ce qui m'attendait, mais je ne pouvais plus continuer de vivre à ce rythme. Une brèche était ouverte…

Comme le dit Michel Audiard : « Heureux soient les fêlés, car ils laisseront passer la lumière. » J'ai donc décidé de faire un choix et de laisser passer la lumière…

J'avais le choix entre deux options : soit continuer comme je l'avais toujours fait, mais avec la conscience et la connaissance que quelque chose d'autre existait et sans doute la souffrance d'en rester éloignée, de ne pas l'expérimenter ; soit changer de cap, juste pour essayer, aller voir ailleurs ce qui s'y passe, et finalement sans doute changer de vie.

J'ai choisi la seconde option : *changer*.

Je ne savais pas du tout ce qui m'attendait, c'était la totale inconnue. Je ne savais pas par quoi j'allais passer, les joies, les peines, les épreuves, les succès, mais mon choix était très clair, c'était celui du changement. Je voulais autre chose. À vingt-huit ans, j'ai fait le choix de tout quitter. De quitter les repères, les habitudes, l'environnement familial, amical, social, le milieu professionnel et tout l'univers que j'avais construit, mon salon de coiffure, mes clients, mes employées, mais aussi mes amis, ma maison, ma voiture, toutes mes activités diverses et variées. Je ne savais pas encore précisément ce que j'allais faire, ni comment j'allais le faire, mais il fallait que je parte, il fallait que je change d'environnement. Je sentais une force intérieure, un immense besoin de partir et de vivre.

MON ANALYSE DE COACH

La personne hypersensible est très intuitive. L'intuition, comme la décrit très simplement Arielle Adda dans une de ses conférences, « c'est le fait de comprendre les choses par un ressenti ». Cette disposition est une aptitude naturelle à voir, à sentir et à comprendre les situations, les événements, et parfois à trouver des solutions dans une compréhension instinctive des choses. Selon moi, c'est le résultat de la pensée en arborescence. Les connexions neuronales se font à une vitesse très élevée et il en résulte une pensée, une idée, une solution qui surgit de manière instinctive. Elle n'est pas le résultat d'une pensée rationnelle, d'un raisonnement logique ou pragmatique, l'intuition est une compréhension des choses, des événements et du monde purement subjective.

PLACE À L'ACTION !

Autorisez-vous à écouter vos ressentis, vos rêves, vos désirs. Il n'est pas toujours nécessaire de tout quitter ni de tout recommencer. L'accomplissement peut se réaliser dans l'ici et maintenant. Écrivez vos aspirations sur un petit cahier, puis cherchez les bénéfices que vous pourriez en retirer. Ensuite, trouvez une manière d'obtenir ces bénéfices autrement, tel que vous êtes et là où vous êtes. Et à partir de maintenant, engagez des actions en ce sens.

- Je mets en œuvre mes aspirations dès maintenant, sans attendre que toutes les conditions soient réunies. Pour cela, j'établis un calendrier :

....

....

....

....

BESOIN D'ACCOMPLIR

Alors que les choses commençaient à naître tout doucement dans mon esprit, l'idée de devenir comédienne professionnelle ne me laissait plus en paix. C'est alors qu'un jour de semaine comme tous les autres jours en apparence, vers 12 h 30, alors que j'étais, comme à mon habitude, derrière un fauteuil de coiffeur en train de m'occuper d'un client, et que j'allais bientôt fermer pour la pause déjeuner, un homme entra et me demanda de le coiffer. Je ressentis immédiatement que je ne pouvais pas lui demander de revenir dans l'après-midi, alors je lui dis que j'allais m'occuper de lui tout de suite. Je n'avais jamais vu cet homme auparavant, ni au salon ni ailleurs.

À ce moment-là, j'invitai les deux jeunes filles qui travaillaient avec moi au salon à aller déjeuner afin qu'elles soient de retour à quatorze heures comme d'habitude. Je commençais à avoir faim et j'étais donc un peu tendue à l'idée de ne pas avoir le temps de déjeuner. En effet, la faim déclenche parfois chez les personnes hypersensibles de fortes réactions, des modifications de l'humeur, crée de l'irritation et perturbe la concentration. À cette époque, je ne savais pas que cet état était dû à l'hypersensibilité, mais je savais prendre sur moi quand il s'agissait de travailler. Je commençai donc à m'occuper de lui, à lui faire son shampooing, sa coupe, et j'engageai une conversation accueillante, lui demandant : s'il était de Dunkerque. Ce qu'il faisait. Pourquoi était-il là ? Pour combien de temps ? Cela peut faire un peu interrogatoire comme cela, mais avec une attention sincère et beaucoup de respect, les gens aiment parler d'eux en général. Je n'étais pas encore coach, mais je m'intéressais déjà sincèrement aux gens. Il m'expliqua alors qu'il était en fait de Paris, qu'il était assistant réalisateur et qu'il était à Dunkerque pour la préparation d'un tournage de film. Immédiatement, je fis le rapprochement avec le casting que j'avais passé la veille au soir pour faire de la figuration dans un film qui allait se tourner prochainement, et lui en fis part. Il me confirma que c'était bien pour ce même film qu'il travaillait.

À cet instant, j'ai complètement oublié que j'avais faim, j'étais totalement absorbée par notre conversation. Et je dis à cet homme que s'il cherchait quelque chose de particulier ou que s'il avait besoin de quoi que ce soit, je pourrais peut-être l'aider, étant de Dunkerque, et cela avec grand plaisir. Sans attendre, il saisit ma proposition et me dit que justement, il cherchait une grande maison qui pourrait faire office de « chapelle », avec un grand salon pouvant accueillir une quarantaine de figurants, plus toute l'équipe technique, pour quatre jours de tournage. Dans le vocabulaire du carnaval dunkerquois, une « chapelle » se définit comme un « lieu mythique du carnaval qui n'a rien de religieux. Maisons dans lesquelles des Dunkerquois invitent les carnavaleux à se restaurer. Bière, rosé, soupe à l'oignon, convivialité et musique sont au menu ». Je lui dis aussitôt que mes parents avaient bien une grande maison qui pourrait convenir, mais que je n'étais pas sûre qu'ils accepteraient de la louer. Mais, au fur et à mesure de notre échange, il me confia qu'il avait déjà visité quelques maisons, dont celle de mes parents qui correspondait précisément à ce qu'il cherchait, qu'il avait discuté avec mon père et qu'il attendait une réponse de sa part. Nous avons ensuite poursuivi agréablement notre discussion, puis il est parti et je suis finalement allée déjeuner avec un lance-pierre.

L'après-midi, il m'appela au salon et m'expliqua que l'actrice principale du film était à Dunkerque pour travailler son accent du Nord, il souhaitait savoir si je serais d'accord pour l'accueillir dans mon salon coiffure afin qu'elle puisse s'imprégner de l'accent dans un contexte plus intimiste. J'acceptai volontiers de la recevoir et dis à mon interlocuteur qu'elle pouvait venir quand elle le souhaitait. C'est ainsi que, dès le lendemain après-midi, Sylvie Testud entra dans mon salon de coiffure.

C'était un jour de semaine et les après-midi en semaine étaient souvent très calmes. Nous avons donc eu le temps de beaucoup discuter toutes les deux. Théâtre, cinéma, cours de théâtre… Je lui ai parlé de ma passion pour le théâtre et le cinéma, et de mon envie d'en faire mon métier, je lui ai posé des tas de questions sur son travail, sa vie, son parcours professionnel. Il est arrivé quelques clients en fin d'après-midi qui lui ont permis d'écouter un peu le parler dunkerquois. Puis, très spontanément et très généreusement, elle m'a proposé de m'inviter à dîner pour me remercier de mon accueil. Nous nous sommes donc donné rendez-vous dans le restaurant d'un ami. Nous avons été merveilleusement bien accueillies, nous avons très bien dîné et nous lui avons même demandé s'il accepterait, lui aussi, qu'elle vienne écouter les gens parler dans son restaurant en y travaillant gracieusement un jour ou deux. La comédienne ne perdait jamais son objectif de vue. Elle était véritablement en train de bosser à chaque instant. Elle était très courageuse, très accessible et très simple. Nous avons passé une excellente soirée à bavarder sans voir le temps passer. Elle m'a raconté qu'à ses débuts, elle avait fait des tas de petits boulots en parallèle de son métier d'actrice, et que ces petits boulots la nourrissaient pour travailler ses personnages. Elle m'a parlé de sa difficulté à reproduire cet accent du Nord si prononcé, si particulier, et de la volonté du metteur en scène qu'elle l'exprime de manière très soutenue. De mon côté, je lui ai confirmé que tous les Dunkerquois ne parlaient pas avec un accent aussi marqué et qu'un traitement plus subtil de l'accent serait bien plus salutaire au film dans la région, qui en avait un peu assez des clichés du Nord...

Avant de nous quitter, elle m'a seulement demandé si j'accepterais de rencontrer le réalisateur pour lui donner mon avis concernant l'accent. L'intention était simplement de lui faire entendre que la majeure partie de la population dunkerquoise ne parlait plus ainsi et que ce type d'accent était non seulement caricatural, mais aussi excessif. Sans hésiter une seule seconde, j'ai accepté. Sylvie a organisé le rendez-vous et j'ai rencontré le metteur en scène en toute simplicité pour lui donner le point de vue d'une personne locale. Dès le lendemain de cet entretien, Sylvie m'a appelée, toute joyeuse, pour m'annoncer que j'avais réussi à convaincre le metteur en scène et qu'il acceptait qu'elle prenne simplement un léger accent. Et elle ajouta que j'avais moi-même un accent léger qui conviendrait parfaitement au personnage du film et qu'elle aimerait beaucoup s'en imprégner. Elle me demanda alors si j'accepterais de lire son texte à voix haute pendant qu'elle m'enregistrerait et me donnerait la réplique. Je me suis retrouvée le lundi suivant sur la plage de Malo-les-Bains, à lire le texte de Sylvie Testud dans *Karnaval*[9] dans un dictaphone. Ce même jour, j'avais laissé les clés du salon de coiffure à l'assistant réalisateur pour que la coiffeuse de plateau puisse coiffer confortablement les autres acteurs du film. Le soir, à mon retour, mon salon de coiffure était plein de monde que je ne connaissais pas, ce fut une sensation très étrange.

9. Un film de Thomas Vincent, 1998.

Mon père avait finalement accepté que les quatre jours de tournage se déroulent dans sa maison. De mon côté, j'avais obtenu un jour de figuration durant lequel je donnai à Sylvie quelques conseils pour l'accent.

Sylvie Testud a toujours été très reconnaissante des services que je lui ai rendus. Lors de la sortie du film, un an plus tard, elle est revenue à Dunkerque. Et dans un article que *La Voix du Nord* a consacré à *Karnaval*, on peut lire ceci :

« Venue travailler à la mi-janvier dans un petit resto dunkerquois pour tenter d'attraper l'accent – ce à quoi elle avait renoncé pour ne pas rendre son personnage ridicule –, Sylvie Testud, au fil de ses rencontres, a compris le carnaval, notamment par ses discussions avec Charlotte, la coiffeuse du boulevard Sainte-Barbe. »

Et durant les années qui ont suivi, nous avons échangé quelques lettres amicales.

Après le départ de l'équipe de tournage, j'ai ressenti très rapidement un vide encore plus grand. Le tournage de *Karnaval* avait allumé une flamme en moi, il m'avait habitée pendant trois mois, et subitement tout était fini. Il fallait absolument que je fasse quelque chose. J'avais vingt-huit ans et j'avais déjà « tout pour être heureuse », comme disait ma mère, mais je ne l'étais pas. Il fallait que je comprenne pourquoi. Il fallait que je m'arrête. Il fallait que je fasse autrement, que je vive autrement. J'avais besoin de penser par moi-même, de réaliser les choses par moi-même, de faire des choix moi-même. De me faire mes propres idées du monde sans être influencée, censurée, jugée ou dirigée. J'avais envie d'avoir du temps, du temps pour lire, chercher, réfléchir, penser, expérimenter, comprendre, me comprendre, aller à la découverte de moi-même. J'avais besoin de prendre le temps de me connaître et de me réaliser comme le dit si bien Neale Donald Walsch : « Vient un moment, dans l'évolution de toute âme où la préoccupation principale n'est plus la survie du corps physique, mais la croissance de l'âme, il ne s'agit plus d'atteindre le succès matériel, mais la réalisation du soi. »

Ainsi c'était cela que je voulais vivre, je voulais être actrice, je voulais vivre des journées toujours différentes, sans routine, partager des choses, échanger, rencontrer sans cesse de nouvelles personnes, créer des personnages, raconter des histoires, partir en voyage, apprendre, dire ce que j'avais envie de dire, rire, pleurer, avoir le sentiment d'être vivante et vivre. Je ne pouvais plus me contenter de glisser ma clé dans la serrure chaque jour à 8 h 45 le matin pour ouvrir le salon et d'y passer toutes mes journées en attendant le soir. J'avais l'impression d'être enfermée entre quatre murs à longueur de journée. J'avais l'impression de mourir ou d'attendre la mort. D'économiser mon corps, mon esprit, dans l'étroitesse d'un monde dans lequel je tournais en rond et dans l'indifférence totale. Je voulais m'arracher à cette vie et vivre ma passion. Nous avons donc fait le choix, mon compagnon et moi, d'aller vivre à Paris. J'ai mis mon salon en vente et mon ami a commencé à chercher un travail dans la région parisienne. Neuf mois plus tard, nous emménagions dans un studio de quinze mètres carrés, au sixième étage d'un bel immeuble, en plein cœur de Paris. Mon ami avait trouvé un travail et je commençais un cours de théâtre professionnel.

MON ANALYSE DE COACH

La personne hypersensible est une personne qui a besoin d'accomplir des choses et qui a besoin de s'investir dans de grands projets. Généralement, elle va droit au but, elle ne prend pas de chemin détourné pour faire quelque chose ou même pour dire quelque chose. Elle est vraie, sincère et fiable. Sa manière d'être en relation avec les autres est souvent directe. L'intensité de ses émotions et son besoin souvent urgent d'accomplir les choses lorsqu'elle se sent poussée de l'intérieur à poursuivre un but peuvent parfois bousculer ou déranger, d'autant que rien ne peut l'arrêter. Les autres ne la comprennent pas toujours ou n'arrivent pas à la suivre.

PLACE À L'ACTION !

Soyez clair dans vos intentions, vos rêves, vos attentes et observez autour de vous les manifestations que la vie vous envoie pour saisir chaque petite chose qui peut vous faire avancer d'un pas vers votre désir. Cela n'arrive pas qu'aux autres. Ayez foi en vous, en la vie. Et laissez la vie vous faire ses cadeaux. Comme le dit Dany Gerbinet dans son livre *Le Thérapeute et le Philosophe*[10] : « Ne rien faire, en sorte que tout soit fait. »

- Je suis attentif(ve) au moindre signe que la vie m'envoie et je saisis toutes les opportunités qui se présentent à moi pour ne rien regretter.

10. Enrick B. Éditions, 2017.

GUERRIÈRE

Parfois, lorsque les choses sont claires dans votre esprit, que vous êtes déterminé à accomplir quelque chose, les éléments se mettent en place et s'enchaînent parfaitement, tel un tapis qui se déroulerait devant vous. Une forme de cohérence s'installe, dans la pensée, les émotions et l'action. Tout semble s'harmoniser avec votre décision.

Lorsque j'ai décidé de mettre le salon en vente, j'ai simplement mis une annonce dans le journal local sans préciser ni le nom ni l'emplacement du salon de coiffure. Par ailleurs, la seule personne que j'ai informée de cette décision, en dehors de mon ami, était mon assureur. Personne d'autre n'était au courant. Pas même ma famille. J'en avais informé mon assureur uniquement parce que je venais de recevoir un avis d'échéance annuel à payer et que je souhaitais savoir si je pouvais payer mensuellement jusqu'à la vente du salon. Et c'est ce même assureur qui m'a présenté la personne qui a finalement acheté le salon. Il avait une nouvelle petite amie qui cherchait justement à s'installer comme coiffeuse. Cette seule personne a suffi. C'était la bonne.

C'est seulement à partir du moment où la personne est venue visiter et semblait réellement très intéressée que j'ai informé ma famille de mes intentions de changer de métier. Tout d'abord, mon père m'a simplement dit : « Tu sais, tu ne gagneras pas plus en étant comédienne », mais ensuite, lorsqu'il s'est rendu compte que ma décision était prise et que rien ne pourrait me faire changer d'avis, il m'a apporté son aide. Deux jours plus tard, il s'est garé devant le salon pour me dire qu'il avait trouvé un studio dans le 3e arrondissement de Paris en ajoutant : « Je t'ai trouvé un appartement à Paris, mais ta mère dit que tu ne l'accepteras pas parce qu'il est au sixième étage sans ascenseur et qu'il fait quinze mètres carrés. » C'était mal me connaître… J'étais aux anges, et j'ai même accepté sans le voir.

Parallèlement à cela, je suis allée passer une audition pour entrer dans un cours de théâtre parisien. David Conti avait eu la gentillesse de m'aider à préparer cette audition pendant plusieurs semaines, ce qui m'a permis d'être prise au cours « Verbe et Lumière ».

Pour trouver ce cours de théâtre professionnel, je m'étais renseignée auprès d'un ami dunkerquois, comédien professionnel qui travaillait régulièrement. J'étais allée le voir parce que je voulais avoir son avis sur le fameux Cours Florent. Mais lui me conseillait d'intégrer un cours privé, à taille humaine, dirigé par une personne qu'il affectionnait particulièrement et qu'il respectait beaucoup pour son intégrité et son authenticité, Dominique Leverd. Personnage charismatique, passionné de théâtre, de poésie, passionné par les textes, les auteurs, les personnages, les comédiens, la beauté, l'élégance, la grâce, la distinction, la diction, l'articulation et le phrasé. Une pointure du théâtre classique. C'est donc au cours « Verbe et Lumière » que j'ai présenté, avec la plus grande application, une scène de la pièce *Le Jeu de l'amour et du hasard* de Marivaux, dans le rôle de Sylvia.

En octobre 1998, neuf mois à peine après le tournage du film avec Sylvie Testud, j'avais vendu mon salon de coiffure, loué ma maison, emménagé à Paris dans le studio du 3e arrondissement et commencé des cours de théâtre. En février 1999, j'assistais à l'avant-première de *Karnaval* au MK2-Quai de Seine. Tout était allé très vite. Ma vie prenait une tout autre direction.

MON ANALYSE DE COACH

Certaines personnes hypersensibles sont ce que j'appelle « des guerrières ». Pour se sortir de certaines situations, elles mettent leur armure pour ne plus sentir les coups et elles affrontent la vie comme on part à la guerre, les dents serrées, les coudes contre le corps et les poings en avant, elles affrontent les épreuves avec force et détermination. Comme nous l'explique Elaine N. Aron, il existe deux types de personne hypersensible. La personne introvertie : très posée, tranquille et calme, elle se contente de peu de chose et se satisfait d'une vie simple ; et la personne extravertie : pleine d'audace, de curiosité, elle se lance constamment dans la nouveauté, mais est facilement blasée, se lasse rapidement des choses, est méfiante, anxieuse et facilement surexcitée. Le premier type de personne hypersensible sera un sage conseiller et le deuxième type un guerrier impulsif. Selon que la personne hypersensible est de l'un ou de l'autre type, elle ne gérera pas sa vie de la même manière, elle ne saisira pas les événements de la vie avec le même élan.

→

PLACE À L'ACTION !

Je vous invite à regarder de quel type de personne hypersensible vous faites partie. Puis, selon que vous êtes introvertie ou extravertie, regardez ce que vous pourriez vous approprier de l'autre type d'hypersensibilité pour progressivement l'inclure dans votre type d'hypersensibilité. La combinaison des deux apporte une harmonie et un équilibre à votre sensibilité. Observez et testez.

- Je liste les principales caractéristiques de l'autre type de personnes hypersensibles que je pourrais inclure :

....

....

....

....

RUMINATIONS

Je souhaitais prévenir personnellement chacun de mes clients du salon de coiffure, cela n'a pas été possible. Il y a bien quelques personnes à qui j'ai dit au revoir, et à qui j'ai parlé de mon projet. Mais j'ai entendu des réponses comme :

« Comédienne ? »

« Mais c'est dur, non ? »

« Il y en a plein qui ont essayé ! »

« Il y en a un ici qui s'y est risqué pendant dix ans… Il est revenu ! »

« Heureusement qu'il n'avait pas vendu son commerce… Il a pu le reprendre ! »

« Paris ! La vie y est si dure. »

Ce n'était pas très encourageant. C'est une des raisons pour lesquelles j'ai décidé de me taire par la suite. J'avais vendu mon commerce précisément pour ne pas pouvoir revenir. Il fallait que mon projet reste intact et me porte. J'avais besoin de le protéger un peu comme un bébé, j'avais besoin de me protéger.

C'est pleine de l'espoir d'une nouvelle vie, pleine d'énergie, de curiosité, de passion et d'envie, que je me lançai dans l'apprentissage de la comédie dramatique. Je dévorais des pièces de théâtre à longueur de journée, je découvrais des auteurs, j'apprenais les scènes que l'on étudiait en cours, je travaillais ma diction, mon articulation, ma prononciation, j'avais tellement de retard, j'étudiais les codes du métier, je m'entraînais dans des rôles, je répétais, je m'informais de l'actualité des spectacles parisiens… Je m'initiais à des activités complémentaires telles que le yoga, l'escrime, le kick-boxing, la danse, le chant, le cinéma. Je me préparais un book, je faisais des séances photos, je préparais un *curriculum vitae*.

C'est là que j'ai découvert une nouvelle difficulté : disposer de la totalité de mon temps. Mes cours commençaient à dix-sept heures, j'avais donc toute la journée pour faire ce que je voulais. J'avais beaucoup de choses à apprendre, mais ce qui était le plus difficile pour moi était de gérer mon temps libre. Je venais de me libérer d'un travail qui me prenait plus de douze heures par jour, cinq jours sur sept, sans compter les lundis que je passais à régler les questions administratives, et là, presque du jour au lendemain, je pouvais disposer de la totalité de mon temps. C'était très déstabilisant. J'ai donc appris à m'organiser, à établir un programme strict et à le respecter. Le matin, c'était diction, articulation, prononciation, apprendre des textes, les répéter… L'après-midi, c'était sport, yoga et cours de théâtre… Finalement, je me laissais de nouveau très peu de répit parce que j'étais consciente d'avoir beaucoup de retard à rattraper.

Une autre difficulté à laquelle je commençais à être confrontée était la solitude. J'avais eu l'habitude au salon d'être toujours très occupée et très entourée, et soudain je me retrouvais la plupart du temps seule. Mon compagnon était au travail toute la journée et moi, je partais le soir à mon cours de théâtre. Cette solitude était assez perturbante au départ. C'était certes ce que j'avais voulu en partant, faire le vide, mais maintenant que j'y étais, je ressentais une sorte de manque. Le temps d'adaptation a été assez long, mais c'est en me retrouvant ainsi seule face à moi-même que j'ai pu enfin entamer un véritable travail de développement personnel.

Je me mettais une pression incroyable pour y arriver… Progressivement, j'ai recommencé à multiplier les activités et je me suis retrouvée de nouveau dans un rythme effréné. Sur le moment, je ne m'en rendais pas compte. Je reproduisais le même schéma, avec les mêmes peurs, les mêmes angoisses. En partant et en me consacrant à une activité qui me passionnait, j'avais cru que tout allait s'arranger. Et finalement non ! Partir ne règle rien. Je ne savais pas que j'emmenais tout dans la voiture : mes émotions trop intenses, mes inquiétudes, ma tristesse, mes questionnements, mon agitation cérébrale. C'est ce qu'explique David Servan-Schreiber dans son livre *Guérir* : « Il y a bien une sensation de nouveauté, au début, accompagnée de l'illusion que donc tout va bien, mais une fois l'arrivée dans le nouvel espace, l'installation, la mise en place, la découverte, la nouvelle organisation, trouver ses nouveaux repères, où faire ses courses, sa banque, le métro, la librairie, etc., une fois toutes ces nouvelles habitudes en place, les nouvelles marques prises, à peine une sorte de routine installée et l'angoisse réapparaît, le resserrement du cœur resurgit. »

MON ANALYSE DE COACH

La personne hypersensible est facilement sujette à des ruminations qui ne lui laissent pas de répit. Elle aimerait pouvoir les arrêter, mais chaque mot, chaque geste, chaque réaction de l'autre ou d'elle-même, chaque choix ou chaque interrogation est matière à cogiter. Elle cherche inlassablement à prendre les bonnes décisions, à trouver les bonnes clés et redoute de faire des erreurs. Elle élabore une multitude de stratégies, dont certaines viennent invalider les solutions précédemment trouvées. Elle hésite, tergiverse, renonce, se lance et renonce à nouveau

→

pour parfois laisser l'autre prendre la décision finale. Cette activité cérébrale intense provoque parfois une certaine inquiétude, une grande fatigue et une forme d'anxiété. Ce doute permanent provoque un épuisement physique et psychique qui laisse souvent penser que la personne hypersensible est en dépression, ce qui n'est pas forcément le cas.

PLACE À L'ACTION !

Je vous invite à revenir au corps et à la perception des sensations, à prendre conscience des sons, des odeurs, des goûts, du sol sous vos pieds et de votre respiration pour calmer ce mental fulgurant, et aussi à pratiquer une méditation matinale quotidienne. La pratique régulière d'un sport et du yoga permet également de modérer l'activité cérébrale.

- Je choisis mon activité de bien-être (pratique sportive, tai chi, qi gong, yoga...) pour calmer le mental et je m'inscris dès maintenant à un cours dans mon quartier.

PROIE DES MANIPULATEURS

Pour tenter de dissiper mes angoisses, je suivais consciencieusement tous les cours de théâtre chaque jour à dix-sept heures, et je m'appliquais à suivre un programme quotidien précis de travail personnel. Travail de répétition de scènes, de monologues, de poésies, exercices de diction, d'articulation. Chaque jour, encore et encore, je me plaisais à répéter mon texte partout, dans la rue, dans le métro, à toute heure. C'est ainsi que les jours se sont succédé.

En me lançant dans le domaine du théâtre, j'avais la ferme conviction que ma profonde joie de vivre, mon côté enfant, spontané et gai, reviendrait. J'avais la sensation que cette activité m'apporterait l'insouciance que j'avais perdue. Je pensais que c'était un métier fabuleux, un univers extraordinaire, une grande famille, et qu'une pièce ne pouvait se jouer que si tous les comédiens étaient présents. Je pensais que chaque comédien était un maillon essentiel et que, par conséquent, rien ne pouvait se faire s'il manquait une seule personne. Je me disais qu'il devait y avoir un merveilleux esprit de fraternité et une relation fusionnelle entre les gens. C'est comme cela que j'abordais ce métier. Et je m'y suis lancée à corps perdu, avec amour et passion.

Mais ma déception n'a pas tardé. J'avais intégré mon cours de théâtre depuis seulement trois jours, lorsqu'une élève du cours, me connaissant à peine, me dit en me regardant droit dans les yeux : « Ah, whouai ! T'étais coiffeuse ? Ben t'as qu'à y retourner, dans ton salon, qu'est-ce que tu fous là ? » C'est cette même charmante et agréable personne qui, deux ans plus tard, m'a appelée pour me dire qu'elle montait un spectacle et que je correspondais parfaitement au rôle principal, mais qu'elle avait choisi une autre comédienne. Sur le moment, je l'ai simplement écoutée et je lui ai répondu spontanément et poliment : « Ce n'est pas grave, c'est que quelque chose d'autre, de mieux, m'attend quelque part. » J'ai dit cela sans intention et sans calcul, les mots sont sortis de ma bouche malgré moi, c'est l'inconscient qui s'exprimait. Elle a ensuite précipitamment interrompu la conversation, et je suis restée avec le téléphone dans les mains, complètement stupéfaite. Cette fille a souvent eu pour moi un terrible venin. Probablement parce que j'étais une cible parfaite, probablement parce qu'elle avait repéré que j'étais une jeune femme sensible et vulnérable. Là encore, je n'ai pas su me protéger.

Cette attitude m'a fait penser à des mœurs d'un autre siècle, comme lorsqu'on allait voir avec un plaisir non dissimulé un condamné à mort se faire brûler ou guillotiner sur la place publique, comme s'il s'agissait d'un divertissement, d'un spectacle. Mais, finalement, certaines consciences n'ont pas tellement évolué depuis cette époque cruelle.

Pourtant, en quittant Dunkerque, je croyais m'être éloignée de la causticité, des reproches, des jugements, des pics, des petits calculs. Je pensais aussi que l'univers artistique, censé travailler avec l'humain, serait plus accueillant et bienveillant, que dans ce contexte *a priori* favorable à ma nature sensible, à fleur de peau, je serais en relation avec des personnes dotées d'une plus grande humanité, d'une plus grande sensibilité. La surprise a été d'autant plus grande pour moi. Je ne m'attendais pas à tant de cruauté.

Mon expérience m'a appris que le milieu du spectacle n'est pas plus favorable, pas plus humain, ni plus accueillant ou plus sympathique qu'un autre. J'ai compris beaucoup plus tard qu'il était peut-être même plus cruel. Il est plus dur pour la simple et bonne raison que notre outil de travail, c'est « nous », nous à nu, dans notre plus profonde intimité. Le travail d'un acteur est de livrer sa nature avec ses émotions, ses joies, ses ressentis, ses peines, ses fragilités, ses défauts, ses forces, ses complexes, son énergie, son âme. Alors, bien sûr, rien n'est plus facile pour la personne hypersensible, qui déborde de toute cette matière première et ne sait habituellement qu'en faire, que de faire don d'elle-même dans cet univers de sentiments exacerbés. C'est un véritable bonheur, une joie incommensurable de pouvoir offrir au public une telle intensité d'émotion et d'être aimé en retour pour cela. Mais pendant ce temps, la personne hypersensible est à nu, et puisque cela contribue à son succès, à sa réussite, et fait partie d'elle-même tout simplement, elle ne pense pas à se protéger. Elle est hypersensible, c'est sa nature et on l'aime pour cela. C'est formidable. Seulement, en dehors des plateaux de théâtre ou des caméras de cinéma, la personne hypersensible, qui n'est pas forcément entourée de personnes intègres et désintéressées, se prend chaque critique, chaque remarque, chaque moquerie en pleine figure. Les actrices et acteurs qui n'ont pas cette sensibilité passent très facilement au-dessus des critiques. C'est au contraire un match auquel ils aiment prendre part. Et si toutefois ils sont blessés par une critique, par un article ou par quelqu'un, seul leur ego est touché. Ils réussissent à donner le change en se fabriquant des personnages, sans jamais se livrer véritablement. Ainsi, ils ne se mettent pas réellement en danger. Pour eux, les relations sont beaucoup plus simples et le métier du spectacle reste un moyen et un challenge. Mais ce n'est pas le cas des personnes hypersensibles qui ont généralement des difficultés à se défendre. Extrêmement vulnérables à tout ce qui les entoure, et notamment au regard de l'autre, elles sont facilement la proie des manipulateurs.

Alors il est vrai que les personnes hypersensibles sont très attirées par les métiers artistiques, et qu'elles sont particulièrement présentes dans les métiers du spectacle. Et on le comprend fort bien puisque l'art est un excellent terrain d'expression de sa sensibilité. Mais le terrain est parfois miné et les conséquences peuvent être terriblement destructrices.

MON ANALYSE DE COACH

La personne ultrasensible est une proie idéale pour les manipulateurs, parce qu'elle montre et partage naturellement ses émotions et tout ce qui la touche. Dans un premier temps, le manipulateur se remplit de toutes ces émotions, qui lui font du bien parce qu'il est lui-même totalement coupé de son monde intérieur, puis il observe, identifie et enregistre très précisément le fonctionnement de la personne hypersensible. Il recense ce qu'elle aime, ce qu'elle n'aime pas, ce qui la met en joie, ce qui la peine, ses doutes, ses inquiétudes, ses goûts, ses désirs, ses angoisses et ses centres d'intérêt. Dans un deuxième temps, il va dire à la personne hypersensible très précisément ce qu'elle a envie d'entendre, il va la complimenter, la protéger, lui faire des éloges, la réconforter pour lui faire croire que lui la remarque, que lui la comprend, que lui l'aime véritablement, et ainsi chercher à créer avec elle un semblant de relation intime ou fusionnelle et une dépendance qui va lui permettre de gagner sa confiance. Enfin, dans un troisième temps, quand la relation de confiance est établie et que le manipulateur est rassasié d'émotions positives, le trop-plein de bonheur, de joie et d'émerveillement de la personne hypersensible lui devient désagréable, voire insupportable. Il va alors se servir de toutes les informations qu'il aura récoltées auparavant pour déstabiliser la personne hypersensible. Il choisit généralement le moment où celle-ci est animée d'un très fort sentiment de joie ou d'espoir pour lui faire des reproches, la dévaloriser et la culpabiliser. Son intention inconsciente est alors d'étouffer cette joie ou cet espoir, de la faire souffrir, de briser ses projets, pour soulager sa propre souffrance due à un manque ou à une frustration.

Dans la vie professionnelle comme dans la vie personnelle, le manipulateur est particulièrement nocif et toxique pour la personne hypersensible, qui ne le voit généralement pas arriver car on ne remarque chez l'autre que ce qui est conforme à notre propre fonctionnement, et non des comportements qui nous sont étrangers.

PLACE À L'ACTION !

Je vous invite à retenir un peu cette envie de vous livrer totalement dès le premier contact, que ce soit dans un contexte privé ou professionnel. Lorsque vous rencontrez une personne pour la première fois, apprenez à la connaître progressivement avant de lui donner trop d'informations sur vous et votre fonctionnement. Par ailleurs, dans votre environnement professionnel, je vous invite à ne pas aborder trop rapidement votre vie personnelle avec vos collègues ou vos supérieurs hiérarchiques.

- En me remémorant la dernière fois que j'ai rencontré une nouvelle personne, que ce soit dans ma vie personnelle ou au travail, j'essaie d'identifier ce que j'ai livré de moi et que j'aurais dû garder secret dans un premier temps :

....

....

....

RÉSILIENCE

Cela faisait quelques mois que nous avions emménagé à Paris, lorsque mon compagnon, avec qui je venais d'acheter un studio dans lequel nous n'avons même pas eu le temps d'habiter ensemble, m'annonce qu'il me quitte pour une collègue de bureau. Je me retrouvais donc seule dans un minuscule studio qui s'écroulait sur l'appartement du dessous à cause d'un problème de structure de l'immeuble. J'avais le sentiment que tous les pans de ma vie s'écroulaient un à un. Je me dirigeais vers une solitude forcée qui allait m'obliger à être véritablement face à moi-même. Une fois presque à terre, sans plus personne de proche à qui parler, dans une grande ville où chacun est anonyme, à l'image de mon appartement qui s'effondrait, je ressentais un effondrement physique et psychologique.

C'est un très lent et très long travail qui s'est d'abord fait malgré moi. Un total abandon à ce qui est. Parce que, de toute façon, je ne pouvais pas faire autrement que d'accepter. Petit à petit, un sujet après l'autre, chaque certitude, chaque croyance, chaque conviction, tout s'est écroulé. Je n'avais plus personne, plus rien à quoi me raccrocher, plus aucun repère, plus aucune prise sur la vie. Cela a été comme un deuil, mais le deuil de moi-même. Je suis d'ailleurs passée par toutes les étapes du deuil : le déni, la colère, la peur, la tristesse, pour aller à la recherche de ce qui était au plus profond de moi, et entamer un travail de reconstruction. Il me fallait aller à la rencontre de moi-même, alors j'écrivais, j'écrivais, j'écrivais… J'essayais de comprendre, de ressentir, d'aimer, de m'aimer.

Puis lentement, les prises de conscience m'ont conduite à l'acceptation, laissant alors la place au pardon et peut-être à un cadeau caché…

« Quand une porte se ferme, une autre s'ouvre. »

Miguel Cervantes

L'univers ne vous laisse jamais complètement tomber. Il vous encourage et vous donne de petits espoirs auxquels vous raccrocher. Comme cet appel de l'assistant de Francis Perrin… Avec une élève de mon cours, j'avais envoyé soixante-dix-sept invitations à une audition à laquelle je participais, avec CV et photo, à des directeurs et directrices de théâtre et de casting, à des metteurs en scène, à des réalisateurs… dont une à Francis Perrin. Et son assistant m'appelait pour me proposer de passer une audition pour un petit rôle dans son prochain spectacle et me demandait de préparer un monologue à lui présenter.

Incroyable ! Je n'en revenais pas ! C'est extraordinaire comme la vie vient vous repêcher quand vous croyez que tout est perdu ! Ce fut pour moi un signe, je ressentis un incroyable regain d'espérance. À l'issue de ce coup de téléphone, je me demandais si je n'avais pas rêvé. Quelle chance incroyable ! Je remerciais le ciel de tant de grâce. Je remerciais le ciel d'éclairer ma journée, d'éclairer cette période sombre de mon existence. Instantanément, la vie reprit de ses couleurs. Mon cerveau interrompit ses ruminations négatives, tout redevenait possible. Cette capacité à se remettre en marche, à retrouver du sens à la moindre lueur d'espoir est une formidable caractéristique des personnes hypersensibles.

Il fallait que je réussisse cette audition. Je me suis donc remise au travail et je m'y suis préparée le plus consciencieusement possible. J'ai tout d'abord réfléchi à ce que j'allais présenter, et j'ai choisi le monologue de Lisette dans *Louison* d'Alfred de Musset, que j'aimais particulièrement. Je l'avais travaillé en cours, ce qui fait que « je l'avais déjà en bouche » comme on dit. L'audition était prévue une quinzaine de jours plus tard, il fallait donc que je sois efficace. Chaque jour, je travaillais mon texte avec pour seul objectif d'être prise dans le prochain spectacle de Francis Perrin.

Quand le jour J arriva, j'étais prête. En attendant devant la porte du théâtre Comédia, boulevard de Strasbourg à Paris, j'avais la peur au ventre car l'enjeu était important pour moi, mais j'éprouvais aussi une certaine fierté d'être là. Je me disais que même si je n'étais pas retenue pour le rôle, j'aurai été déjà heureuse d'avoir passé cette audition. Je n'en avais parlé à personne. Une manière de commencer à me protéger. Enfin, l'assistant de Francis Perrin vint m'ouvrir la porte, tandis qu'une jeune fille sortait au même moment. Arrivée dans la grande salle du théâtre, je fus accueillie chaleureusement par Francis Perrin avec qui nous échangeâmes une franche poignée de mains. Il me demanda ensuite ce que j'allais lui présenter, et me félicita pour le choix de ce monologue. Puis il m'invita à monter sur le plateau. C'était très impressionnant. Sur la scène, il y avait le décor du spectacle qui se jouait chaque soir, dans lequel Gersende Dufromentel, qui plus tard est devenue son épouse et la mère de ses trois enfants, lui donnait la réplique. J'ai regardé la salle du haut des planches, j'ai pris une grande inspiration pour rassembler tout mon courage et je me suis lancée.

Tout d'abord un peu traqueuse, je me suis ensuite abandonnée à ce merveilleux monologue, avec amour et tendresse pour Lisette, personnage si sensible, émotif et vulnérable. Je vivais une aventure extraordinaire, je me sentais incarner totalement le personnage, vivre ses émotions avec une grande intensité. J'entendais de très légers rires dans la salle et percevais un sourire sur le visage de Francis, qui se tenait debout à l'orchestre pour écouter. Du haut de la scène, je le sentais vibrer au rythme des émotions du personnage de Lisette. Je conserve un merveilleux souvenir de cet instant. Dans la vie, il y a des moments de bonheur intense, où tout est absolument parfait, et auxquels on ne voudrait rien changer, pas même une virgule. Ce moment en fait partie. Lorsque j'eus terminé mon monologue, je lus dans le regard du metteur en scène une sincère satisfaction. Nous discutâmes ensuite brièvement du spectacle, il m'expliqua qu'il s'agissait d'une adaptation de *Volpone* de Ben Jonson, un contemporain de Shakespeare. Les rôles principaux étaient tenus par les comédiens Bernard Haller, Philippe Rondest, Philippe Brizard et Michel Bonnet, le personnage pour lequel j'étais auditionnée étant un petit page androgyne.

Ce rendez-vous fut surréaliste pour moi. En sortant, je dus me pincer pour être sûre que tout était bien réel. L'assistant metteur en scène devait me rappeler quinze jours après pour me donner une réponse. Je l'attendais avec impatience. Et quelques jours plus tard, j'appris que j'étais retenue. Une joie profonde et intense m'envahit soudain. Francis Perrin me donnait la chance de vivre ce dont j'avais rêvé : faire partie d'une compagnie de théâtre, participer à la création d'une pièce, se retrouver chaque jour pour les répétitions, partir en tournée. Je remercie ce grand homme de théâtre de m'avoir fait confiance, de m'avoir permis de vivre cette formidable aventure.

C'est alors que je repensai à cette phrase que j'avais prononcée quelque temps plus tôt au téléphone : « Ce n'est pas grave, c'est que quelque chose d'autre, de mieux, m'attend quelque part. » Elle prenait aujourd'hui tout son sens.

Le rendez-vous suivant était une lecture chez Francis Perrin avec la troupe au grand complet. Nous étions tous attablés, avec nos textes, prêts à démarrer la lecture. Francis partagea avec nous sa vision du spectacle, ses idées pour la musique, la mise en scène, le décor et les lieux de représentation. C'est à ce moment-là que j'ai appris que nous allions jouer le spectacle principalement en été, en extérieur, dans des festivals. Je ne m'attendais pas du tout à cela. J'ai ressenti une énorme angoisse. Comment allais-je faire compte tenu de mon allergie au soleil ? Est-ce que je devais renoncer au rôle ? Parler de ma maladie ? Tout était lancé et je ne voulais pas renoncer à mes engagements. Alors, comme à mon habitude, je n'ai rien laissé paraître.

Puis les répétitions ont commencé. Nous avons créé tout le spectacle à Paris, puis nous sommes allés à Angers durant une semaine pour répéter avant l'ouverture du Festival d'Anjou, dont Francis était le nouveau directeur. À Angers, beaucoup de répétitions se déroulaient dans le courant de la journée et parfois en plein soleil. Je portais donc des chemisiers à manches longues, un chapeau et des gants blancs. Je réussissais à me cacher du soleil dès que je n'étais pas sur scène. Je n'avais parlé à personne de ma maladie, car généralement, lorsque je dis à quelqu'un que je suis allergique au soleil, on me répond : « Ah oui, moi aussi, cela me donne des petits boutons » ou « Mets de l'écran total ! ». Alors j'ai cessé d'essayer de convaincre que la porphyrie érythropoïétique n'est pas qu'une simple allergie au soleil… qui donne des petits boutons. Bien sûr, durant les répétitions, j'entendais des remarques telles que : « Tu fais la star avec ton chapeau ! » ou « Tu te la joues avec ton chemisier blanc ». Personne n'imaginait que c'était pour moi une véritable protection. J'ai toujours fait en sorte que cela ne se voie pas pour ne déranger personne et ne pas perturber le spectacle.

Nous avons enchaîné une quarantaine de dates, en France, dans les plus beaux festivals, mais aussi en Belgique et en Suisse. Lorsque nous arrivions dans un nouveau festival, en général l'après-midi, le plateau était très souvent en plein soleil et nous devions répéter pour nos places. C'était surtout les répétitions qui étaient compliquées pour moi. Car, heureusement, toutes les représentations avaient lieu le soir, à la tombée de la nuit. Je pouvais alors me découvrir, sortir et vivre normalement. Je conserve de cette période de merveilleux souvenirs.

Avant la fin de la tournée avec *Volpone*, j'ai intégré le cours d'Anne Delbée, dans le but d'améliorer mon jeu d'actrice. Là, j'ai fait la connaissance d'une comédienne, metteur en scène, auteure et femme de théâtre extraordinaire. Anne Delbée est une de ces comédiennes qui vouent une passion sans bornes au théâtre. Le théâtre est sa vie, sa vie est le théâtre. J'admirais en elle la comédienne dramatique, la tragédienne, la femme puissante, forte, libre et engagée. J'étais fascinée par son histoire, son parcours et son courage.

Spécialiste de Racine et Paul Claudel, elle enseignait dans ses cours ce théâtre de caractère et faisait travailler des personnages dramatiques que j'avais envie d'interpréter. Rapidement, elle m'a proposé de travailler à ses côtés comme assistante metteur en scène pour un spectacle intitulé *Le Sourire de Sarah Bernhardt*, qui retraçait la vie de la tragédienne adaptée de son autobiographie, *Ma double vie*. Dans cette pièce, Anne Delbée mettait en scène et jouait le rôle de Sarah Bernhardt, entourée de Larrio Ekson, danseur extraordinaire, dont le premier cours de danse m'a fait vivre une expérience émotionnelle qui restera à jamais gravée dans ma mémoire, d'Emmanuel Barrouyer, un comédien qu'Anne affectionnait particulièrement, de Philippe Bouclet, dont le timbre résonnait et dont la vibration émotionnelle me traversait à chaque représentation, et de Renaud Denoël, tous comédiens de grand talent et d'une générosité hors norme. Cette place d'assistante metteur en scène me positionnait dans une relation toute particulière avec celle qui était ma professeure de théâtre et qui m'a ensuite proposé le rôle du page dans *Hernani* de Victor Hugo. C'était un petit rôle merveilleux dans lequel j'ai donné toute ma passion et toute mon énergie. Le spectacle était d'une beauté, d'une grandeur et d'une dignité immenses comme sait le faire Anne Delbée. Les comédiens principaux parmi lesquels j'avais l'immense plaisir de figurer étaient François Beaulieu (sociétaire honoraire de la Comédie-Française), Clément Hervieu-Léger, Emmanuel Dechartre, Monique Couturier et Rebecca Stella. Nous avons joué du 25 juin au 28 juillet 2002. J'ai vécu une période merveilleuse et je remercie encore Anne Delbée de m'avoir donné ce rôle et de m'avoir fait confiance.

MON ANALYSE DE COACH

La personne hypersensible a besoin que chacun de ses choix et que tout ce qu'elle entreprend ait un sens. Réaliser des choses qui sont en cohérence avec ses valeurs est pour elle une nécessité. Généralement, la personne hypersensible est longtemps attirée par un idéal à atteindre et vers lequel elle tend. Elle a toujours le sentiment d'un appel ou d'une mission à accomplir. Elle ne parvient pas toujours à atteindre son but, mais lorsque c'est le cas, elle se fixe généralement un nouvel objectif et met tout en œuvre pour le réaliser.

La personne hypersensible fonctionne avec ses émotions. Ce sont ses émotions qui vont attirer son attention sur quelque chose et susciter son intérêt. Elle fait ce qu'elle aime et se détourne de ce qu'elle n'aime pas. Le fait de se concentrer sur ce qu'elle aime interroge parce qu'elle semble vivre comme une enfant gâtée, mais sans l'être. Elle ne s'ennuie jamais, a toujours une multitude d'envies, de désirs et de projets en perspective, supporte très bien la solitude et se porte mieux

→

lorsqu'elle limite les interactions dépourvues de profondeur avec ses congénères. Elle aime débattre, manie volontiers l'ironie, mais son humour est rarement compris. Elle n'a pas de temps ni de place pour la superficialité, les obligations mondaines, le mensonge, et refuse d'être membre des clubs dont il faut être.

PLACE À L'ACTION !

Je vous invite à écrire vos intentions, vos envies, vos rêves. Puis à vous laisser aller et à vous imaginer dans le lieu de vos rêves, avec les personnes dont vous avez envie, imaginez ce que vous faites, ce que vous dites, comment vous interagissez avec les autres, ce que cela vous apporte, les émotions que cela vous procure, qui vous vous sentez être et le sens que cela a pour vous, pour les autres, pour la société, pour l'univers. Osez !

- Je me libère de mes carcans en laissant libre cours à mon imagination et en osant faire quelque chose dont j'ai toujours rêvé sans jamais oser le concrétiser :

....

....

....

EXTRÊME VIGILANCE PAS TOUJOURS ÉCOUTÉE

Mon petit ami venait donc de rompre notre relation amoureuse. Un soir, tandis que j'allais chez un couple d'amis pour dîner, je téléphonai à ma mère qui était inquiète pour moi afin de la rassurer.

Mes amis habitaient dans le 19e arrondissement, je me rendais chez eux tout d'abord en métro, puis à pied, oubliant complètement les recommandations de mon ami qui m'avait conseillé de descendre à la station de métro suivante la plus proche pour ensuite remonter une rue parallèle à la sienne et redescendre sa rue plutôt que la monter. Cette stratégie était destinée à éviter de croiser une bande de jeunes qui bloquait le bas de sa rue et importunait les passants dans la journée et surtout le soir.

C'est seulement en remontant la rue que je ne devais surtout pas monter, en pleine conversation avec ma mère, que je me suis souvenue des consignes de mon ami. Mais il était trop tard. Je ne pouvais plus faire marche arrière. J'arrivais à la moitié de la rue, quand j'ai aperçu à quelques pas de moi un attroupement de jeunes garçons âgés de quatorze à vingt-cinq ans. Certains étaient appuyés sur des voitures, d'autres assis sur des scooters, d'autres encore cachés dans la pénombre d'une entrée d'immeuble. J'alternais entre visage baissé et tête relevée pour être à la fois concentrée sur ma conversation et à la fois attentive à ce qui se passait autour de moi. De cet instant, ce dont je me souviens le plus, c'est la sensation de l'attention que j'ai sentie posée sur moi, le poids de leurs regards et le lourd silence qui a entouré mon passage à leur niveau. J'ai néanmoins décidé de ne pas prêter attention à ces sensations de tension pourtant explicites. J'allais bientôt arriver chez mes amis, mais, ma mère n'étant toujours pas rassurée, j'ai préféré poursuivre notre conversation.

Une fois arrivée à la porte cochère, j'ai composé le code de la porte et, faisant un quart de tour sur moi-même pour regarder si les jeunes m'observaient toujours, j'ai découvert un garçon, juste derrière moi, qui était apparu en l'espace d'une seconde. Il me collait et semblait vouloir m'aider à ouvrir la porte. Toujours au téléphone, j'ai décidé de rester dans la cour intérieure le temps de terminer ma conversation. Tout d'abord, je ne prêtais pas attention au garçon et je continuais à discuter avec ma mère face à un mur gris, tête baissée pour rester concentrée. Lorsque, tout à coup, j'ai senti deux petites tapes sur mon épaule gauche. Je me suis retournée. C'était le garçon qui était entré en même temps que moi. Il était très impressionnant, grand, fort et imposant. J'ai alors posé la main sur mon téléphone comme quand on veut dire quelque chose à quelqu'un qui est juste à côté de soi mais que l'on ne veut pas que la personne qui est au bout du fil entende, et j'ai demandé au garçon :

« Oui ? », qui voulait dire : « Que puis-je pour vous ? » avec bienveillance, ouverture et amabilité.

J'avais la tête ailleurs, mais je me souviens très bien de lui, trois têtes de plus que moi, de larges épaules... Il se rapprochait de plus en plus de moi de façon à ne laisser que très peu d'espace entre nous, m'obligeant à faire un pas en arrière pour me coincer contre le mur. Puis rabaissant sa casquette sur ses yeux et se dandinant d'un pied sur l'autre, il m'a répondu sans articuler :

« Ton téléphone ! »

Pour vérifier, et parce que je n'avais pas bien compris, je l'ai de nouveau interrogé :

« Pardon ? »

Il s'est aperçu que je n'avais pas compris et a répété en me vouvoyant cette fois :

« Votre téléphone ! »

Il avait répété cela avec plus de respect.

J'ai alors demandé à ma mère de patienter parce que quelqu'un était en train de me parler… Et c'est seulement à ce moment-là que j'ai compris.

Cela s'est passé en trois temps dans ma tête. Je me suis d'abord dit : « Il est embêté, il a un problème, il doit passer un appel urgent et il a besoin de mon téléphone ! » Puis, j'ai pensé : « Non, il veut que je lui donne mon téléphone. » Enfin, j'ai compris : « En fait, il veut me voler mon téléphone. »

Sans le quitter des yeux une seule seconde, j'ai rabattu le clapet de mon téléphone et donc raccroché au nez de ma mère, puis j'ai fait un pas de côté pour me dégager physiquement de sa présence, et trois pas jusqu'à l'escalier extérieur, serrant mon sac contre mon corps, j'ai ensuite couru dans l'escalier en criant le prénom de mon ami qui m'attendait pour dîner.

Après avoir repris mon souffle, j'ai raconté ma mésaventure à mes amis. Puis nous avons regardé par la fenêtre, le garçon était toujours là, il discutait avec ses copains en lorgnant dans la direction de l'immeuble où nous nous trouvions. Mon ami m'a expliqué que ce garçon était le chef de la bande et aussi le plus violent, et que c'était surprenant que j'aie pu m'en sortir si bien.

Même si j'ai senti des tensions en passant dans la rue, je n'y ai pas prêté attention. Qu'est-ce qui a bien pu se passer dans la tête de ce garçon qui m'a très clairement laissée partir ? Peut-être est-ce parce que je n'ai pas eu peur et que je me suis adressée à lui avec une profonde bienveillance et la sensation de devoir lui venir en aide.

MON ANALYSE DE COACH

La personne hypersensible est extrêmement vigilante. Qu'elle soit enfant, adolescente ou adulte, elle possède une très grande prudence et a beaucoup de mal à se laisser véritablement aller. Or, lorsque l'on ne se sent pas bien dans un environnement, il faut savoir écouter le message par lequel le corps tente d'attirer notre attention.

La personne hypersensible pressent les événements avant qu'ils ne se produisent, mais cette perception rend généralement les choses un peu compliquées avec les autres, qui, eux, n'ont pas le même ressenti. Elle va donc petit à petit perdre l'habitude d'écouter son intuition, quand elle ne va pas chercher à l'étouffer complètement. Elle va préférer parfois être en danger, se mettre dans des situations périlleuses, plutôt que de révéler ses inquiétudes qui pourraient encore accentuer son sentiment de différence.

PLACE À L'ACTION !

Je vous invite à avoir confiance dans ce que vous ressentez. N'hésitez pas à partager vos ressentis avec des personnes choisies, que vous appréciez. Osez écouter et prendre toute la mesure de ces ressentis qui se manifestent pour vous protéger. Osez exprimer vos besoins, changer de place, changer de chemin lorsque vous avez des inquiétudes pour trouver le confort émotionnel nécessaire à tout hypersensible.

- Pour apprendre à écouter mes ressentis, je détaille les derniers épisodes de ma vie où je n'ai pas réagi alors que mon intuition me dictait de le faire, absence de réaction que j'ai regrettée par la suite :

....

....

....

INTENSITÉ

Peu de temps après avoir joué dans *Hernani*, je suis allée voir au théâtre des Bouffes-du-Nord une pièce de Sarah Kane intitulée *4.48 Psychose* et interprétée par Isabelle Huppert. Et c'est en sortant que je me suis dit : « C'est ça, c'est ça que je veux jouer, c'est ça que je veux dire. » Cette œuvre posthume de l'auteur est une prière, un récit fragmenté, sous forme de monologue. Le personnage, en grande souffrance intérieure, décrit d'abord son supplice intérieur, son désespoir abyssal, puis comment il va y mettre fin en mettant fin à ses jours. L'écriture de ce texte est à la fois tragique, poignante et terrifiante par son contenu, mais aussi très poétique et très pure dans sa forme. C'est un texte d'une précision presque chirurgicale. J'ai eu un véritable coup de cœur pour cette pièce, le texte, le contenu, mais aussi la forme, l'interprétation d'Isabelle Huppert et la mise en scène de Claude Régy. Tous les ingrédients étaient réunis. Ce texte me parlait, j'y retrouvais mon propre désespoir intérieur. En dépit des deux très beaux contrats qui s'étaient succédé, et qui avaient été des succès, en dépit des rencontres, des joies, des plaisirs de la scène, de mes débuts dans cette vie d'artiste tant espérée, les profonds tourments de mon âme ne se taisaient pas.

Profondément touchée par ce spectacle, j'ai décidé de le jouer moi aussi, de le faire mien. Dans cette décision, il y avait l'envie et le besoin de dire cette souffrance, cette solitude et cette douleur qui ressemblaient tellement aux miennes. J'en ai parlé à mon nouveau compagnon, comédien lui aussi, et nous avons demandé à l'un de ses amis avec qui nous avions déjà monté et joué un spectacle de poésies s'il accepterait de me mettre en scène dans ce texte particulier. Ce qu'il a immédiatement accepté. Pour ma part, je pensais que ce texte ne nécessitait aucun artifice et j'imaginais parfaitement, comme dans la mise en scène de Claude Régy, une scène vide ou avec simplement une chaise, à l'image d'une cellule de prison, qui représenterait la prison mentale du personnage. J'ai immédiatement commencé à apprendre le texte. Un monologue de cinquante-cinq pages. J'ai d'abord travaillé seule pour connaître le texte par cœur, puis nous avons commencé à travailler à deux, avec le metteur en scène. Je louais une salle dans mon quartier et nous nous retrouvions chaque semaine pendant trois heures pour répéter. J'ai alors créé une structure juridique et constitué un dossier administratif en vue de ce spectacle, puis ai fait la demande des droits d'auteur que j'ai obtenus pour un an. Je travaillais inlassablement, passant des heures et des heures à apprendre et à répéter le texte. Je m'en imprégnais, je le ressentais, je le vivais. Enfin j'avais découvert un texte qui me donnait envie, j'avais à nouveau un moteur. Je croyais très fort à ce projet, qui semblait bien engagé. Cependant, au bout de quelques répétitions, nous nous éloignions progressivement de mon idée de départ d'une mise en scène dépouillée. Le metteur en scène et moi étions de moins en moins sur la même longueur d'onde. Dans sa mise en scène, petit à petit, des meubles sortaient du sol et des objets descendaient du plafond. Plus on avançait, plus il imaginait tout un « arsenal » que l'on ne trouve que dans les très grands théâtres. Je ne comprenais pas ses choix. À plusieurs reprises, j'ai tenté de lui rappeler que je l'avais choisi pour sa capacité à réaliser de belles mises en scène simples et poétiques, mais rien n'y a fait. Face à sa détermination, j'ai décidé de mettre fin à notre collaboration. Pendant quelque temps, j'ai gardé l'idée de jouer ce texte et de faire la mise en scène moi-même, mais d'autres projets sont arrivés et ma motivation pour ce texte a peu à peu décliné. Et je n'ai finalement jamais joué la pièce.

Même si cette expérience m'a profondément touchée, tant la portée du texte de Sarah Kane que mon investissement dans le projet de monter la pièce, je n'en suis pas restée là, j'ai rebondi et pris un virage en choisissant d'aller travailler mon jeu d'actrice pour le cinéma. J'avais déjà participé à un atelier d'un mois à la Maison du film court, avec Alain Prioul qui m'avait beaucoup apporté et m'avait donné envie d'aller plus loin dans ce travail de jeu face à la caméra. Puis c'est en m'intéressant à la carrière d'Isabelle Carré, après l'avoir vue dans un spectacle formidable, *L'Hiver sous la table* de Roland Topor avec Dominique Pinon au théâtre de l'Atelier, que j'ai découvert les ateliers Pygmalion. Mon compagnon m'en avait déjà parlé plusieurs fois, j'ai alors décidé de m'inscrire au « Stage rencontre » qui sert de sélection avant les inscriptions.

Le Studio Pygmalion, appelé aussi « la barre du comédien », était un véritable atelier de travail, où l'on pouvait s'entraîner, improviser, une sorte de laboratoire pour l'acteur, à l'image de la barre pour le danseur ou des gammes pour le musicien. Ce lieu était alors dirigé par Pascal Luneau, coach talentueux réussissant à faire sortir d'un acteur les émotions les plus enfouies, et notamment connu pour avoir coaché Anne Parillaud pour *Nikita* ou Marion Cotillard pour

La Môme. La sélection des comédiens se faisait à l'issue d'une semaine de travail collectif, durant laquelle les professeurs décidaient si oui ou non vous pouviez vous inscrire, et si oui, dans quel niveau. J'ai été reçue et on m'a proposé les ateliers du matin, qui étaient le meilleur niveau, le niveau professionnel. J'ai passé dix mois absolument fantastiques. J'ai adoré ce travail consistant à être toujours au plus juste, à vivre pleinement l'émotion, sincèrement, à dépasser mes limites, mes peurs, mes blocages, à me surprendre moi-même, à me faire peur, à aller toujours plus loin, jusqu'à découvrir des régions inexplorées de ma personnalité. Il n'est pas toujours nécessaire de partir loin pour aller à la découverte de soi. J'ai expérimenté le fait que cela se passe là où l'on est, peu importe le lieu. Le travail avec Pascal Luneau était principalement un travail de libération des émotions et de découverte de soi. Cela consistait aussi à trouver de la flexibilité pour pouvoir passer d'un sentiment à un autre, à nous confronter à des situations diverses, probables ou improbables, et à toutes sortes de personnages, à chercher une liberté de jeu, à créer et à improviser. Il y avait dans ces ateliers une véritable force de création, de diversité et de développement. J'ai ainsi pu enrichir mon savoir-faire de comédienne, mes personnages, et tout mon être.

À l'issue de ces dix mois de véritable transformation, le plus dur a été de quitter cet atelier et les amis que j'y avais rencontrés. En effet, les cours sont souvent un cocon, à l'ambiance agréable, où l'on retrouve quotidiennement des personnes avec qui l'on noue des affinités, parfois très fortes. Et il est souvent difficile de quitter tout cela. D'autant plus que, lorsque l'on retrouve le contexte professionnel, c'est autre chose, c'est la jungle.

Après le cours Pygmalion, j'ai joué dans une dizaine de courts-métrages, toutes sortes de rôles : une maman, une jeune amoureuse, une maîtresse tyrannique, une mère infanticide, un chauffeur routier, un personnage lunaire, une tendre épouse… Et j'ai donné à chacun de ces personnages tout ce que je pouvais, tant au niveau de l'énergie que de l'investissement. Mais les années passaient, les expériences s'enchaînaient, et la pleine satisfaction de ma vie professionnelle se faisait attendre. J'adorais ce que je faisais, mais je n'étais pas véritablement satisfaite, ni pleinement heureuse. J'étais toujours en attente d'une rencontre, d'un rôle important, d'un premier rôle dans un long-métrage, avec des acteurs que j'aimais. J'étais toujours en attente d'une reconnaissance extérieure, d'un amour qui viendrait du public, d'être aimée tout simplement, et ce besoin n'était toujours pas satisfait. Cette quête d'amour de l'autre, inconsciente, et insatiable tant qu'elle n'est pas comblée, dont Xavier Dolan a si merveilleusement parlé dans son discours lors de la remise de son Grand Prix du jury à Cannes en 2016 :

« L'émotion, ce n'est pas toujours facile, et il n'est pas toujours facile de partager ses émotions avec… avec les autres.

« La violence sort parfois comme un cri ou comme un regard qui tue…

« En partant d'un matériau fort, qui est "Juste la fin du monde" du grand Jean-Luc Lagarce, que j'espère tellement ne pas avoir déçu où qu'il soit, j'ai tenté au mieux d'extraire un film, puis de raconter l'histoire et les émotions de personnages, parfois méchants, parfois criards, mais surtout blessés et qui vivent comme tant d'entre nous, comme tant de mères, de frères, de sœurs, dans la peur, dans le manque de confiance, dans l'incertitude d'être aimé.

« Tout ce que l'on fait dans la vie, on le fait pour être "aimé"... Moi en tout cas oui, pour être accepté... »

...

« Plus je grandis, plus je réalise qu'il est difficile d'être compris et plus, paradoxalement, je me comprends moi-même et je sais maintenant qui je suis.

« Votre témoignage, votre compréhension, votre amour, ce soir, me laisse croire qu'il faut faire des films qui nous ressemblent avec le cœur, à l'instinct et sans compromis, sans céder à la facilité, même si l'émotion est une aventure qui voyage parfois mal jusqu'aux autres, elle finit toujours par arriver à destination...

« Je tournerai toute ma vie des films qui seront aimés ou non, mais comme disait Anatole France :

"Je préfère la folie des passions à la sagesse de l'indifférence." »

J'avais quitté Dunkerque pour sortir de l'indifférence émotionnelle, pour m'arracher à l'apathie environnante, et pour aller vivre ma passion du théâtre et du cinéma dans l'espoir caché de devenir une comédienne reconnue et aimée de tous. Plusieurs années plus tard, j'étais une comédienne inconnue, ayant du mal à vivre de sa passion et toujours à la recherche d'un contrat susceptible de lui apporter la reconnaissance et l'amour tant espérés. J'avais fait de merveilleuses rencontres, j'avais travaillé avec des comédiennes et comédiens connus, j'avais fait une tournée, joué dans des représentations en plein cœur de Paris, dans des décors fantastiques, mais quelque chose me manquait, encore et toujours. J'avais finalement atteint mon objectif de devenir comédienne, mais comme l'écrit Pascal Luneau :

« Être comédien n'est pas un but, c'est un outil.

« L'objectif pour un artiste n'est pas de chercher un statut social et la reconnaissance censée en découler, mais de vivre avant tout la fonction humaine liée à l'art qu'il a choisi !

« Pour ce qui est de la gloire, il en est comme de l'amour : si ça doit venir de l'extérieur, c'est juste là pour combler un manque, et c'est presque toujours l'insatisfaction qui reviendra frapper à la porte assez régulièrement. »

MON ANALYSE DE COACH

La personne hypersensible vit les choses avec une grande intensité. Elle choisit en général des domaines professionnels qui lui permettent de mettre en valeur cette intensité et sa générosité naturelle, comme le domaine artistique et en particulier le métier d'acteur. La personne hypersensible est aussi attirée par les métiers de la santé : médecin, thérapeute, psychologue, avec toujours ce besoin d'aider les autres, cet altruisme naturel, qui lui procure une véritable joie, mais aussi par les professions artisanales, commerciales ou de communication. Généralement, elle est un excellent travailleur indépendant ou chef d'entreprise, parce que cela répond à son besoin de liberté. *A contrario*, le fonctionnement des grandes entreprises lui permet difficilement de s'épanouir. Cependant, son besoin de sécurité peut lui faire choisir un emploi salarié dans une entreprise.

En étudiant la programmation neurolinguistique pour devenir coach PNListe, tout d'abord en lisant les livres de Richard Bandler et de John Grinder – les créateurs de la méthode –, puis en me formant à la pratique de la PNL avec plusieurs organismes de formation certifiés, j'ai pris conscience de l'impact que peuvent avoir certains événements, même s'ils nous paraissent insignifiants sur le moment. Dans le quotidien des actrices et acteurs par exemple, le fait d'apprendre par cœur certains textes ou de travailler certaines scènes peut avoir d'importantes répercussions inconscientes. Au théâtre ou au cinéma, certains rôles nécessitent en effet que l'acteur dise des textes funestes, malfaisants, malsains, ou soit amené à ressentir des émotions pernicieuses. La personne hypersensible qui fait ce métier d'acteur sans savoir mettre la distance nécessaire avec ses personnages ou ses rôles peut alors être débordée par toute cette intensité qui la submerge, tant émotionnellement que physiquement. Généralement, elle ne le fait pas ou ne souhaite pas le faire, car cette intensité est son outil de travail, et elle aurait l'impression de ne pas bien faire son travail si elle ne se donnait pas entièrement. Elle est donc parfois en danger dans certaines émotions.

Que se passe-t-il intérieurement ? Lorsqu'une comédienne ou un comédien travaille un texte, il associe à chaque scène une

→

émotion positive ou négative plus ou moins forte qu'il va chercher au fond de lui-même ou qu'il crée de toutes pièces à partir de ses souvenirs, de sons, de ressentis ou d'émotions. Il crée alors un « ancrage » positif ou négatif. L'ancrage est un processus qui consiste à associer une réaction interne à un stimulus externe, kinesthésique, auditif ou visuel ; c'est une sorte de réflexe conditionné. Cet ancrage inconscient peut laisser une trace dans la mémoire corporelle de l'acteur, qui, lorsque certains stimuli seront réactivés ou qu'il reverra les images qu'il a utilisées pour générer l'émotion, entendra les mots du texte, et se mettra à ressentir l'émotion vécue dans la scène. Si ces émotions sont fortement négatives : colère, anxiété, peur, culpabilité, frustration, et que la comédienne ou le comédien les garde à l'intérieur de lui après la scène, elles peuvent s'immiscer dans ses pensées et créer, à son insu, des croyances et des comportements négatifs, et donc des conditionnements négatifs inconscients. Des ancrages peuvent donc être créés consciemment ou inconsciemment. Un ancrage négatif créé de manière inconsciente peut produire des conséquences dommageables. La PNL peut désactiver une ancre négative en actualisant l'information dans le cerveau.

PLACE À L'ACTION !

Je vous invite à apprécier cette intensité qui fait partie de votre nature de personne hypersensible. Refrénez vos attentes de reconnaissance extérieure pour être bienveillant avec vous-même, pour reconnaître et valoriser vos talents, vos qualités, et accueillir une reconnaissance qui vienne cette fois de l'intérieur.

- J'apprends à reconnaître mes qualités et les réalisations dont je peux être fier(ère) pour relever mon estime et ne plus dépendre de l'opinion des autres.

- Mes qualités :

....

....

....

- Mes réalisations personnelles :

....

....

....

BESOIN DE CHANGEMENT

Lorsque mon père m'avait dit : « Tu ne gagneras jamais plus d'argent en étant comédienne », je l'avais accepté, j'en avais fait une croyance et je l'avais même profondément souhaité. L'image du comédien dans la chanson de Charles Aznavour, « La Bohème », me faisait tant rêver. J'avais donc répondu à mon père que je ne faisais pas cela pour l'argent. Seulement cette phrase était devenue une prophétie autoréalisatrice. « La prédiction d'un événement a pour résultat de faire arriver ce qu'elle prédit », comme le dit Paul Watzlawick dans *Faites vous-même votre malheur*[11]. Je considérais alors l'argent comme étant antagoniste à mon bonheur. J'étais à la

11. Points, coll. « Essais », 2014.

recherche de plus d'authenticité, de vérité et de profondeur, et j'espérais trouver le bonheur auprès de gens simples et modestes. J'avais fini par associer le fait de posséder beaucoup d'argent à une forme de désœuvrement, de pauvreté en amour, d'apathie. Je recherchais des êtres plus vrais, plus empathiques, plus tendres, plus aimants, plus solidaires et plus humains.

« Ce que tu penses, tu le deviens ;
ce que tu ressens, tu l'attires ;
ce que tu imagines, tu le crées. »

Bouddha

C'est ainsi que, à cette époque, j'ai véritablement fait l'expérience de cet enseignement de Bouddha, et que, petit à petit, l'argent a déserté ma vie.

Puis, un jour, je tombe sur une annonce dans la presse : une troupe de théâtre parisienne cherchait de toute urgence une comédienne sachant prendre l'accent « ch'ti ». J'ai immédiatement appelé le metteur en scène et lui ai expliqué que je n'étais pas ch'ti, mais originaire de Dunkerque, et que je pouvais parfaitement prendre l'accent dunkerquois qui ressemble beaucoup à l'accent ch'ti. Il m'a suggéré de lui faire une petite démonstration par téléphone, ce que j'ai fait sans hésitation avec un plaisir et une aisance incontestable. Il m'a aussitôt proposé un rendez-vous pour un essai avec le texte et nous nous sommes rencontrés en fin de journée dans un café en bas de chez moi.

Dès le premier contact, il y a eu une sorte d'évidence. Nous avons échangé brièvement sur le spectacle, les comédiens, l'auteur, la production, le théâtre, les dates. Il m'a expliqué que j'aurais deux rôles à jouer dans le spectacle, une jeune fille clown et une journaliste ch'ti déjantée qui chante *Le Carnaval dunkerquois*. À mon tour, je me suis présentée. Originaire du Nord, je connaissais par cœur les chansons de carnaval de Dunkerque, pour y avoir participé à de nombreuses reprises dans le passé. Je lui ai aussi expliqué que dans cette ville portuaire du Nord de la France, on n'avait pas l'accent ch'ti, que là-haut on n'était pas ch'ti, mais qu'on avait simplement l'accent dunkerquois, un mélange de ch'ti, d'anglais, de flamand et de nerlandais. Pour passer l'essai sur le texte, nous sommes allés chez moi. Ce n'était pas très prudent car je ne le connaissais que depuis quinze minutes, mais je faisais confiance à mon intuition. Une fois dans mon appartement, nous avons attaqué immédiatement le texte en commençant par le rôle du clown, puis assez vite celui de la journaliste ch'ti. J'ai accroché sur-le-champ, avec bonheur et amusement. J'ai instantanément saisi le caractère, l'humeur, la gouaille du personnage, mais aussi l'intention et l'esprit de l'auteur. Pour le metteur en scène, aucun doute, j'étais faite pour le rôle ; cependant, il devait avoir l'avis de l'auteur, qui jouait aussi dans la pièce, du producteur et de l'autre comédienne. Il m'a laissé le texte et m'a rappelée le soir même pour me proposer un second rendez-vous avec l'équipe au complet.

Il y a des moments dans la vie où l'on se sent en état de grâce, où vous vous dites que Dieu existe et qu'il est présent pour vous. J'ai vécu un de ces moments-là. Le rendez-vous avec le reste de la troupe a été un vrai bonheur. La comédienne était d'une gaieté et d'une générosité extraordinaires, et l'auteur d'une grande bienveillance. Leur accueil à tous a été très sympathique et d'une formidable ouverture. Ils m'ont acceptée sans hésitation. Seul bémol me concernant, le spectacle commençait à peine trois semaines plus tard, il me restait donc très peu de temps pour apprendre le texte de mes deux personnages et mettre en place ces rôles. Cela me semblait presque irréalisable. J'avais toujours eu besoin de beaucoup de temps pour m'approprier les textes et les intégrer. Il s'en est fallu de très peu que je ne renonce à ce spectacle, alors que tout laissait penser que ces deux rôles étaient écrits pour moi. Mais j'ai finalement décidé de relever le défi.

J'ai appris la totalité de cette comédie écrite par un jeune auteur en moins de trois semaines. Je travaillais du matin au soir. Je répétais l'ensemble de ce que je connaissais en boucle à longueur de journée et j'apprenais chaque jour des scènes supplémentaires. Je n'acceptais plus aucune invitation à sortir ou à dîner et j'annulais toutes celles qui étaient déjà organisées. Je m'investissais à fond. J'ai vécu dans une bulle pendant ces trois semaines. Mais cela a été une aventure formidable où tout était magique. Les répétitions se passaient chez le metteur en scène, dans une belle maison aux abords de Paris. Chacune des répétitions était intense et conviviale. Il y avait un bel esprit de fraternité. Puis, au printemps, les représentations ont commencé, il faisait bon se retrouver le soir, comme une grande famille, avant et après le spectacle dans cet esprit de troupe de théâtre que j'affectionnais tant. Chacun faisait en sorte de faire venir du public. Le metteur en scène et la comédienne étaient essentiellement des acteurs de doublage et ont fait venir beaucoup de spectateurs du monde de la synchro ; l'auteur, lui, avait une très grande famille. Quant au producteur, il avait commandé une campagne d'affichage dans le métro parisien durant un mois pour la promotion du spectacle. Chacun apportait une contribution à sa mesure. Les représentations s'enchaînaient paisiblement, la bonne humeur et la joie de jouer cette pièce grandissaient chaque soir. Les rencontres de la famille ou des amis des uns et des autres renforçaient les liens de la troupe. Notre petit rituel de nous retrouver avec les spectateurs au café du coin après chaque représentation ajoutait encore à la convivialité. Cette période est inscrite dans ma mémoire à jamais.

Avec le recul, je me rends compte à quel point j'ai été gâtée par la vie. J'ai très souvent fait ce que je voulais faire, et obtenu ce que je voulais obtenir. J'ai vécu de grosses traversées du désert ; mais même ces périodes difficiles, je pense sincèrement les avoir désirées. Les paroles de « La Bohème » ne parlent-elles pas de cela ? Je me souviens parfaitement que lorsque j'étais dans mon salon de coiffure, je rêvais de cette vie de bohème dont parle la chanson, cette vie où je pourrais simplement lire, penser, regarder, sentir, écouter, ressentir, boire des cafés en terrasse, converser, refaire le monde, prendre simplement le temps de respirer et de ne rien faire, si ce n'est me sentir vivre. C'est finalement un peu ce que j'ai vécu dans mon petit nid. Mais lorsque cette période est arrivée, j'avais déjà envie d'autre chose, je ne voulais plus de la vie d'artiste, je voulais que mon activité de comédienne fleurisse. C'est là que sont arrivés l'angoisse, le stress et la peur du lendemain, qui m'ont empêchée de profiter véritablement de ce que j'avais tant souhaité, « attendre la gloire » avec « le ventre creux » comme le dit la chanson. Les situations que l'on désire très fort finissent par arriver un jour ou l'autre, mais pas forcément au moment où on en a le plus envie, ni au moment où on l'avait imaginé. La vie nous apporte souvent ce que nous voulons. Encore faut-il avoir de la constance dans ses rêves et dans ses objectifs, et garder toujours le même cap. C'est le cas de certains athlètes sportifs, de certains musiciens ou artistes, qui, bien souvent, ont rêvé tout petits de leur réussite et ont travaillé à cette fin depuis leur plus jeune âge.

Comme de nombreuses personnes hypersensibles, je me suis intéressée à un grand nombre de choses, et il m'est arrivé d'avoir plusieurs activités en même temps. Je voulais tout faire pour être sûre de ne rien regretter. Mais, surtout, j'ai toujours eu envie d'ailleurs, envie d'autre chose. Une fois que j'étais à la place désirée, j'en souhaitais une autre, croyant que cette fois ce serait la bonne, que c'était cela qui me rendrait heureuse. En réalité, c'est un leurre, en agissant ainsi je ne construisais pas sur la durée, et cela m'empêchait d'évoluer dans un domaine précis, de grandir en compétence dans une spécialisation particulière et de m'épanouir dans ce que je faisais. Je satisfaisais uniquement un désir de découverte, d'expérimentation, de rencontres, de changement de vie, mais je ne parvenais pas à l'épanouissement, même si toutes ces expériences ont contribué à faire de moi celle que je suis.

MON ANALYSE DE COACH

La personne hypersensible est une personne qui a besoin de changement, d'expérimenter pour tenter d'atteindre un absolu. Elle possède généralement une multitude de centres d'intérêt, passe aisément de l'un à l'autre et a toujours envie de s'essayer à une nouvelle activité, sans pouvoir choisir ni se poser. Elle ne peut pas choisir car cela reviendrait à renoncer à tous les autres métiers ou à toutes les autres activités, ce qui lui donnerait l'impression d'être limitée dans sa définition d'elle-même. Elle se lance dans chaque nouvelle aventure comme si c'était la première fois. Et si elle n'a pas trouvé, durant son enfance ou son adolescence, l'activité ou la passion dans laquelle elle va pouvoir s'investir et s'identifier, elle peut passer plusieurs années de sa vie d'adulte à la chercher. Cependant, au bout d'un moment, après avoir tenté plusieurs activités qui lui tiennent à cœur, une lassitude commence à s'installer, un sentiment de toujours gravir des montagnes sans jamais profiter de la vue, un sentiment d'échec, et c'est le premier pas vers l'angoisse et la dépression. La personne hypersensible, qui peut paraître fragile et délicate, va surmonter les épreuves et rebondir. C'est à ce moment-là qu'elle va déployer une énergie, une créativité et un courage extraordinaires, qu'elle va révéler une force insoupçonnée, comme par instinct de survie, pour vivre et non survivre, pour agir et non subir, et exprimer toute la richesse de son ultrasensibilité. Sa créativité et sa capacité à positiver l'aident à entrevoir la lumière et à trouver des éléments de reconstruction pour un nouveau départ. Elle va démontrer que l'hypersensibilité n'est pas une faiblesse ou une insuffisance, mais bel et bien une force ou une puissante énergie.

→

PLACE À L'ACTION !

Je vous invite à tester ce que vous aimez, initiez-vous aux activités qui vous font envie, allez voir, essayez, posez des questions, osez demander à des professionnels comment se passe leur métier. Détendez-vous et agissez progressivement pour que vos désirs ne restent pas seulement dans votre esprit.

- Je passe en revue mes désirs, mes aspirations, et je décide de les mettre en pratique :

....

....

....

....

SYNDROME DE L'IMPOSTEUR

Dans le métier de comédien, il arrive souvent que les rencontres que l'on fait sur un spectacle suscitent d'autres rencontres et d'autres spectacles. Ainsi on enchaîne les spectacles et les aventures sans forcément avoir de plan de carrière. À la fin des trente représentations de *Rio Roubaix*, où j'interprétais le rôle du clown et de la journaliste, le metteur en scène et la comédienne m'ont proposé de m'aider à pénétrer dans l'univers du doublage et de la synchronisation. C'était une activité dont j'avais entendu parler et qui m'intéressait, mais qui semblait être un monde à part à l'intérieur du monde du spectacle. La plus grosse difficulté était d'intégrer ce milieu très prisé. C'était donc une grande chance de pouvoir être introduite. Quelque temps plus tard, j'accompagnais le metteur en scène – qui était devenu un ami – sur les plateaux de doublage pour assister à des séances de travail. Il me présentait aux directeurs artistiques, aux acteurs, aux techniciens et à chaque personne que l'on croisait dans les studios et sur les plateaux, et n'hésitait pas à me couvrir d'éloges. Bon nombre d'acteurs et de directeurs artistiques étaient venus voir le spectacle et se souvenaient du personnage atypique de la journaliste ch'ti. Je l'ai suivi ainsi durant plusieurs mois, puis j'ai continué seule les auditions, les essais, et suis allée voir d'autres studios d'enregistrement.

J'ai un excellent souvenir de mon premier contrat. C'était avec un directeur artistique qui avait toujours accepté que j'assiste à ses enregistrements. Avant de devenir directeur artistique, il avait été ingénieur du son, et non comédien comme la plupart, ce qui lui donnait l'avantage d'être plus simple et plus abordable que les autres directeurs artistiques. J'ai une affection toute particulière pour lui, peut-être parce qu'il a été le premier à me faire confiance. À l'issue de la première séance de travail, il m'a dit : « Je te prédis une grande carrière dans le doublage. » C'était vraiment sincère et encourageant de sa part, mais cela m'a mis une grosse pression. Je le remercie encore pour ce premier contrat et tous ceux qui ont suivi.

Ensuite, j'ai rencontré un tas de comédiennes et comédiens qui ne font que du doublage, et d'autres qui jouent aussi au théâtre et/ou au cinéma, mais aussi des chefs de plateaux et des ingénieurs du son. Comme partout, j'ai rencontré des personnes adorables et d'autres qui l'étaient moins. J'ai rencontré des personnes qui avaient un grand respect de leur travail, une grande reconnaissance de la chance qu'elles avaient d'exercer ce métier formidable et confortable, une véritable passion pour le jeu d'acteur. J'ai aussi rencontré des personnes d'une grande renommée, par exemple les voix françaises de Marge et de Homer Simpson, mais aussi de Bruce Willis, ou encore d'Eva Longoria. Tous étaient d'une grande générosité et d'une immense simplicité, dans leur jeu comme dans la vie, et savaient communiquer leur amour du métier.

Mon activité dans le doublage démarrait très bien, comme cela avait été le cas pour le théâtre. Le bouche-à-oreille fonctionnait très vite. L'un après l'autre, les directeurs artistiques m'appelaient pour travailler. Mais de nouveau j'étais rattrapée par mes peurs, mes angoisses, mes croyances limitantes, et des pensées telles que :

« Ce n'est pas possible ! »

« Ça va trop vite ! »

« Je ne vais pas savoir gérer ! »

« Je ne suis pas prête ! »

« Je n'ai pas fait de formation de doublage ! »

« C'est un coup de chance ! »

« Ils vont bientôt s'apercevoir que je suis nulle ! »

« Que je ne mérite pas ce succès… »

Toutes ces pensées me traversaient l'esprit et me procuraient un véritable désarroi. Du coup, je me suis mise à chercher une formation ou un stage, alors que tout se passait très bien et que l'on me disait que je n'en avais pas besoin. Je suis néanmoins restée sur cette idée et j'ai suivi une formation de doublage à l'INA. Mais le sentiment de ne pas être à la hauteur n'a pas disparu.

Puis j'ai commis une succession de petits actes manqués, qui ont eu un impact sur ma carrière de comédienne de doublage. Étant habituellement une personne consciencieuse, je ne comprenais pas ce qui m'arrivait, pourquoi petit à petit je grillais toutes mes cartes, je gâchais les uns après les autres chacun de mes contacts et les liens que j'avais tissés. Cet enchaînement d'« autosabotages » était tout simplement l'expression d'un sentiment d'imposture.

MON ANALYSE DE COACH

La personne hypersensible a fréquemment un sentiment d'imposture. Elle a l'impression que les choses doivent être difficiles à obtenir, qu'il faut souffrir, travailler dur, consacrer du temps, de l'argent et de l'énergie pour parvenir à un résultat. Ainsi, lorsque les choses lui arrivent rapidement et facilement, elle a →

le sentiment de ne pas les mériter. Elle a tendance à penser que c'est un coup de chance, un accident, une erreur et que quelqu'un va très vite s'apercevoir qu'elle n'est pas à la hauteur. Elle a du mal à s'attribuer les mérites de ce qu'elle réussit et se satisfait difficilement de ce qu'elle obtient avec facilité. C'est alors que se mettent en place inconsciemment des « autosabotages », qui lui rendent la tâche plus laborieuse et lui donnent le sentiment de mériter ce qu'elle obtient si elle persévère et y arrive, ou valider le fait qu'elle est nulle si elle n'y arrive pas.

PLACE À L'ACTION !

Je vous invite à croire en la vie, à croire en vous, au fait que vous pouvez vous aussi avoir de la chance, à laisser la vie vous faire des cadeaux et à les accepter avec gratitude. Sachez accueillir votre chance, la saisir sans toujours questionner. Regardez ce que vous avez pour le faire, plutôt que ce qui vous manque.

- J'arrête de me dévaloriser et je prends conscience de mes atouts et de mes capacités pour me réaliser et restaurer mon estime de soi :
- Mes atouts :

....

....

- Mes capacités :

....

....

HYPERESTHÉSIE

À première vue, tout cela pouvait apparaître comme une succession de malchances. Ce n'était certes pas facile de voir le fruit de mon travail et du temps investi s'effondrer petit à petit. Malgré tout, j'ai choisi de regarder les choses autrement. N'était-ce pas une manifestation de mon inconscient qu'il fallait écouter ? N'était-ce pas tout simplement le signe d'une nouvelle voie à suivre ? Je me posais de multiples questions, et le hasard, si toutefois il existe, est venu confirmer qu'un questionnement était nécessaire.

Le doublage n'était pas ma seule préoccupation. Un homme que je connaissais depuis vingt ans occupait mes pensées, je l'avais revu par hasard sur la plage de Dunkerque. Une relation amoureuse était en train de naître entre nous et a incontestablement provoqué un tournant dans ma vie. J'avais trente-sept ans, j'étais célibataire, je vivais des hauts et des bas dans mon activité de comédienne, je vivais dans un petit appartement à Paris, j'étais libre comme l'air, je commençais à me sentir bien, dans mon corps, dans ma tête et dans mon cœur, mais je cherchais encore l'essentiel… L'amour. J'avais envie d'aimer, d'être aimée et… d'être maman. Tout mon corps l'exprimait.

Cet homme était divorcé, avec deux garçons de treize et neuf ans. Il habitait Dunkerque et travaillait à son compte dans les environs de Lille. Au départ, je n'étais pas amoureuse, mais j'ai accepté de passer du temps avec lui pour apprendre à le connaître. Je lui ai dit que ce que je voulais était de construire ce qu'il venait de perdre, c'est-à-dire fonder une famille et avoir des enfants. Je lui ai clairement signifié que si cela ne faisait pas partie de ses projets, moi, je n'avais pas de temps à perdre. Lui a été très amoureux tout de suite. Nous avons appris à nous connaître, à nous dévoiler, et j'ai découvert un homme doué de multiples talents, d'une immense culture cinématographique, d'un humour qui m'a fait et me fait encore craquer, et d'une intelligence relationnelle exceptionnelle. Puis l'amour a grandi dans mon cœur. Nous nous sommes aimés, nous nous sommes enlacés, nos corps se sont étreints. Nous ne nous sommes jamais plus quittés. Puis tout est allé très vite. Il est venu vivre à Paris, nous avons pris un appartement plus grand pour accueillir ses deux enfants et je suis tombée enceinte dès le premier mois qui a suivi notre emménagement.

Dès les premiers jours, j'ai senti que j'étais enceinte. J'étais en tournage de nuit pour un court-métrage intitulé *Paris Plage*[12]. On tournait dans la cabine d'un camion, je jouais le rôle d'un chauffeur routier. En attendant mon tour dans une voiture non loin de là, je me souviens parfaitement à un moment d'avoir senti quelque chose se passer dans mon ventre. Je ne devais être enceinte que de quelques jours, et pourtant je le savais, je le sentais.

12. Un court-métrage de la réalisatrice Momoko Seto, 2007.

MON ANALYSE DE COACH

La personne hypersensible est hyperesthésique. C'est même une de ses principales caractéristiques. L'hyperesthésie est une exacerbation des sens : la vue, l'ouïe, l'odorat, le goût, le toucher, mais aussi une extrême sensibilité émotionnelle. Non seulement les informations sensorielles arrivent en plus grand nombre au cerveau que chez les personnes moins ou peu sensibles, mais elles sont traitées dans un temps beaucoup plus court. Toutefois, la personne hypersensible n'est pas hyperesthésique pour chacun de ses sens.

Comment se manifeste l'hyperesthésie ? Si, par exemple, une personne hypersensible est très sensible de la vue, elle aura des difficultés à regarder des films qui comportent des scènes de violence, ou parfois la simple vue du sang pourra la faire défaillir. Elle peut également s'attendrir instantanément devant une scène émouvante dans un film ou être bouleversée à la vue d'une œuvre d'art. Si une autre a l'ouïe extrêmement sensible, elle peut avoir des difficultés à se concentrer dans un environnement bruyant, à travailler dans un lieu où il y a beaucoup de passage ou s'émouvoir très rapidement à l'écoute d'une musique qui la touche profondément. Pour une autre, cela se manifestera par une grande sensibilité aux odeurs, et elle pourra être rapidement ébranlée par des émanations nauséabondes ou troublée par une senteur nouvelle. Pour une autre encore, cela peut être les tissus, les matières qui seront extrêmement importants, elle ne supportera pas de porter un certain type de tissu ou, au contraire, elle va être troublée par le toucher d'une texture délicate, ou bouleversée par un massage profond. Pour d'autres enfin, cela s'exprimera par une émotivité et une empathie plus élevées que la moyenne que l'on retrouve chez les ultrasensibles.

→

L'hyperesthésie liée à l'ultrasensibilité n'est pas systématiquement accompagnée de douleur ou de souffrance, elle peut provoquer une gêne, une plus grande fatigue, une intolérance supérieure à la moyenne, mais elle peut aussi générer de grands bonheurs. Il n'est pas rare de rencontrer une personne hypersensible qui n'est pas sensible à la douleur physique car elle aura appris dans l'enfance à banaliser sa propre souffrance physique, ou bien l'armure qu'elle s'est créée l'empêche de ressentir sa propre douleur physique. En revanche, elle supporte difficilement la douleur physique des autres, parce qu'elle la ressent comme si c'était la sienne.

PLACE À L'ACTION !

Je vous invite à écouter vos sens et accueillir chaque message qui s'exprime. Observez l'émotion que vos sens vous procurent, accueillez-la, observez-la, questionnez-la et remerciez cette émotion pour la laisser ensuite s'en aller.

- Je goûte pleinement les joies intenses mais aussi les peines que me procure ma sensibilité extrême.

....

....

....

....

SENS AIGU DE LA JUSTICE

À partir du moment où j'ai appris que j'étais enceinte, ma principale activité a été de faire mon bébé. Et lorsqu'on m'interrogeait sur ce que je faisais, sur quelle pièce de théâtre ou quel doublage je travaillais, je répondais invariablement : « Aucun, je fais mon bébé. »

Chaque jour, chaque heure, chaque minute et chaque seconde, je me concentrais sur le bébé qui était dans mon ventre. Je lui demandais de bien former ses petits pieds, ses petites mains, ses petites oreilles… Et je lui envoyais tout l'amour et toute la tendresse possible. J'avais enfin un être à qui donner tout cet amour que j'avais en moi.

Dès sa naissance, toute mon attention s'est dirigée vers mon bébé. Je tentais de comprendre chacun de ses pleurs, de ses besoins, de ses inconforts, mais aussi d'interpréter ses sourires et ses joies. Un lien de plus en plus fort s'est tissé entre nous à mesure qu'il grandissait.

Dans les premiers mois de ma maternité, j'avais songé à prendre un nouveau virage professionnel. Mon besoin d'être aimée était satisfait et je ne ressentais plus la nécessité de poursuivre cette quête d'amour au travers du théâtre ou du cinéma. J'avais trouvé l'essentiel. L'amour partagé. Je ressentais le besoin de me tourner davantage vers les autres. Je ne voulais plus être un « produit à vendre », je ne voulais plus être à la fois le commercial et le produit. Je ne souhaitais plus devoir me soucier de mon image, faire attention à ce que je faisais, à ce que je disais, devoir sans cesse correspondre à ce que les réalisateurs et les metteurs en scène recherchaient ou attendaient de moi. J'étais toujours trop petite, ou trop grande, j'avais les cheveux trop courts, ou trop longs. Avec le métier de comédienne, j'étais finalement retombée dans ce que j'avais voulu fuir, c'est-à-dire correspondre à ce que les autres attendaient de moi, dépendre du regard de l'autre. J'essayais de correspondre à une représentation idéale de moi-même. Mais finalement, j'étais toujours en train de « faire semblant » et de « jouer un rôle » pour faire plaisir, pour plaire, pour être acceptée et aimée des autres.

« Être soi-même ? J'ai trouvé, à présent, ce que c'est. Échapper aux simulacres, aux représentations, s'arracher au théâtre que l'on se fait de sa propre vie, aux rôles. Dépouiller tout cela, déposer à terre les vêtements imaginaires et courir nu. »

Antoine Vitez

Désormais, je voulais sortir du monde des apparences pour entrer dans celui de l'être et de l'essence. J'ai donc commencé à réfléchir à mon avenir et ai fait appel à un organisme spécialisé dans l'accompagnement des comédiens qui souhaitaient se réorienter. J'ai fait un bilan de compétences, passé des tests, et plusieurs domaines d'activité sont ressortis : le droit, la psychologie et l'immobilier.

Le déclic est venu de mon compagnon. Un jour, il me dit : « Tu devrais regarder le coaching, cela t'irait bien. À chaque fois que tu me donnes un conseil, tu es juste. Regarde le coaching ! » C'est comme cela que j'ai commencé à m'intéresser au coaching et à la PNL.

J'ai pris mon temps pour trouver la formation de coach qui me conviendrait le mieux. Je voulais clairement procéder différemment que pour ma formation de théâtre, c'est-à-dire faire des recherches, étudier chaque formation et surtout faire mon choix moi-même sans me laisser influencer. Je me suis donné le temps nécessaire, et une fois mon choix arrêté, je me suis inscrite et j'ai démarré la formation immédiatement.

J'ai entrepris la formation de coaching avec beaucoup de sérieux et d'enthousiasme. Chaque cours était à la fois un enseignement théorique et une mise en application pleine de bon sens d'outils d'une grande simplicité et d'une immense efficacité. Je coachais et j'étais coachée durant neuf mois. Cela correspondait précisément à ce que je recherchais. J'ai ensuite continué les cours en faisant les formations de coaching d'équipe et en effectuant deux formations de PNL.

À l'issue de ces formations, c'est avec une grande motivation que j'ai créé mon entreprise de coaching. J'ai tout d'abord coaché des particuliers, puis j'ai ensuite démarché des entreprises. J'ai créé des programmes de formation dans lesquels j'incluais des outils et des techniques d'acteur. J'aimais les relations humaines que m'apportait le coaching. Néanmoins, quelque chose n'était pas totalement abouti, j'avais encore trop de difficultés à décrocher des contrats, je ne savais pas vendre et les démarches commerciales étaient très compliquées pour moi. Je passais plus de temps à rechercher des clients qu'à coacher et cela me gênait profondément. Et je ne voyais pas suffisamment de progression dans mon activité qui aurait pu me donner l'envie de m'accrocher. Je sentais que je n'étais pas loin, mais ce n'était pas encore tout à fait ça. J'ai alors décidé de lâcher prise, d'arrêter le commercial qui m'abrutissait et de me lancer dans une aventure qui me tenait à cœur depuis très longtemps. Faire du droit.

Puisque je devais m'occuper, j'allais faire quelque chose que j'avais vraiment envie de faire. Et j'avais toujours eu envie d'aller à l'université et de faire du droit. Alors j'ai fait absolument toutes les recherches et les démarches pour m'inscrire en licence de droit. J'ai été ballottée de bureau en bureau. Des personnes de l'orientation me disaient que je devais nécessairement passer un DAEU (diplôme d'accès aux études universitaires) parce que je n'étais pas titulaire du bac. Une autre personne dans un tout petit bureau de la place du Panthéon m'a expliqué que mon brevet professionnel était une équivalence de niveau IV, donc un niveau supérieur au bac me permettant d'accéder directement à la licence, mais que les étudiants issus de la voie normale étaient prioritaires aux cours et que, par conséquent, je n'aurais très certainement pas de place car la licence de droit était bondée chaque année. Une personne de l'orientation de Paris 1 a même tenté de me dissuader en me disant que c'était un parcours très long, très difficile et pas très marrant, et elle m'a invitée, afin de me rendre compte par moi-même, à aller assister à un cours de droit. J'y suis allée. Je me suis assise tout en haut de l'amphithéâtre, j'ai regardé et écouté. Lors de ce cours, le professeur expliquait comment certaines coutumes deviennent des lois. J'ai adoré, cela m'a passionnée. Et j'avais envie de secouer les étudiants que je voyais jouer ou regarder les réseaux sociaux sur leur téléphone. J'étais sidérée du peu d'écoute et du manque d'intérêt dont ils faisaient preuve. Ils n'avaient absolument pas conscience de la chance qu'ils avaient d'être en études supérieures et d'être simplement là où ils étaient, à Paris 1 Panthéon-Sorbonne, une des meilleures universités au monde.

En sortant, j'étais heureuse d'avoir participé ne serait-ce que quelques instants à ce cours magistral. Ma décision était prise, je voulais suivre des cours de droit. La personne du petit bureau de la place du Panthéon m'a proposé une solution : préparer ma licence de droit avec le Centre audiovisuel d'études juridiques (CAVEJ), spécialisé dans les cours à distance, car là il n'y avait pas de limite de places. C'était une excellente idée, je faisais la majorité du travail à la maison en fonction de mon emploi du temps et j'allais aux cours en amphithéâtre le samedi. J'ai d'abord effectué toutes les démarches administratives nécessaires à mon inscription à Paris 1 Panthéon-Sorbonne, puis les démarches d'inscription au CAVEJ. Non sans mal parce que les secrétaires ne voulaient pas reconnaître le niveau IV de mon brevet professionnel. Mais je me suis défendue, normal pour une future avocate, et j'ai pu valider mon inscription.

Très motivée par ce nouvel objectif, j'ai démarré la première année de licence 1 avec beaucoup de sérieux et avec toute la rigueur qui me caractérise. J'ai assisté à la journée d'accueil des nouveaux étudiants, j'ai suivi tous les cours audio et les cours en amphithéâtre du samedi matin. Le programme était très chargé : droit civil, droit constitutionnel, droit des familles, instruction juridique, histoire du droit, introduction au droit européen, histoire de la vie politique, méthodologie, relations internationales, sciences économiques, sociologie politique, méthode juridique et anglais. Toutes ces matières me passionnaient et je m'appliquais dans chacune d'elles. Cependant, dès le début, j'ai été confrontée à une difficulté que je n'avais pas anticipée. Je devais suivre les cours et les retranscrire très rapidement, de manière synthétique, sous la dictée du professeur en amphithéâtre ou en audio à la maison, de façon manuscrite ou par ordinateur. Les professeurs nous déconseillaient de mettre sur pause lors de l'écoute pour pouvoir prendre des notes, mais mon côté perfectionniste me poussait à vouloir faire les choses bien, et donc à tout noter, chose que je ne pouvais pas faire sans mettre sur pause. Du coup, les cours qui devaient me prendre deux heures de retranscription me prenaient plus de six heures. Dès le départ, j'ai donc pris, puis accumulé, beaucoup de retard parce que je tenais à ce que mes cours soient propres, organisés et clairs. Je voulais retenir parfaitement chaque détail. Tout en restant positive, je me suis vite rendu compte que je n'allais pas pouvoir tenir en continuant de la sorte.

Au fur et à mesure, je m'apercevais que je n'allais pas pouvoir passer les examens de février. Plus le temps avançait, plus j'acceptais l'idée de devoir renoncer, mais sans jamais perdre mon goût pour la matière. À la manière d'un coaching, j'ai posé tous les éléments sur la table et je me suis autocoachée. Le résultat a été probant. Je devais me rendre à l'évidence : si je voulais véritablement continuer, j'allais devoir sacrifier une partie de ma vie familiale et de ma vie sociale. Les personnes que je retrouvais le samedi en amphithéâtre travaillaient chaque soir jusqu'à minuit et y passaient tous leurs week-ends. J'aimais le droit, j'avais toujours eu envie d'apprendre cette matière, mais des questions ont commencé à me tarauder : « Avais-je réellement envie de passer toutes mes journées, toutes mes soirées et toutes mes vacances pendant plus de cinq ans pour y arriver ? Est-ce que cette nouvelle montagne que je souhaitais gravir valait la peine que je sacrifie autant de temps et d'énergie à quarante-quatre ans ? Pour obtenir quoi ? Quand ? N'allais-je pas passer à côté de belles années avec mon fils et mon mari ? Qui m'obligeait à cela à part moi ? Pourrais-je être aussi présente pour mon fils dans l'avenir ? Une fois ma formation terminée, étais-je certaine de travailler ? »

Le bien-être de mon fils, ma présence auprès de lui et le lien qui nous unissait étaient ma priorité depuis sa naissance et je voulais que cela le reste. Cet équilibre que j'avais tant cherché, et obtenu avec mon fils, était compromis si je persévérais dans ce projet. Il fallait se rendre à l'évidence, certes j'avais toujours eu très envie d'apprendre le droit, mais j'aurais dû le faire dans ma jeunesse. Désormais, à cette période de ma vie, ce n'était plus une bonne idée. Cela m'obligeait à laisser de côté tout ce qui était là, ce que j'avais construit et que j'aimais plus que tout. Il était hors de question de sacrifier notre cellule familiale. Il m'est alors apparu clairement que je devais renoncer, que je n'allais pas pouvoir m'investir autant qu'il aurait fallu. Sans regret, sans tristesse, j'ai accueilli cette décision avec sagesse et sérénité, j'avais le sentiment d'avoir essayé, d'être allée au bout de mon désir. J'ai donc mis fin à mes études de droit et finalement renoncé à ce besoin d'entrer dans l'univers de la justice.

MON ANALYSE DE COACH

La personne hypersensible est une personne qui a un très grand besoin de justice. Le sentiment d'injustice est pour elle assimilé au chaos, au désordre et à la confusion. Le sens de la justice, de l'ordre et de l'honnêteté lui permet d'être en harmonie avec le monde qui l'entoure et de maintenir son équilibre émotionnel. Mais son exigence la conduit parfois à se mettre dans des situations relationnelles très inconfortables, à se mettre à l'écart.

On rencontre de nombreuses personnes hypersensibles dans le domaine de la justice, lesquelles exercent le métier d'avocat, de juge et de policier. À titre d'exemple, on peut citer maître Éric Dupond-Moretti, qui a investi son immense sensibilité dans sa passion de la justice.

PLACE À L'ACTION !

Je vous invite à accueillir ce besoin de justice et à observer l'émotion que ce besoin provoque en vous. Observez cette émotion et accueillez-la avec bienveillance et compassion. Quels en sont les enjeux ? Que pouvez-vous lâcher pour apaiser cette émotion ?

- J'apprends à vivre avec mon sens impérieux de la justice et je réfléchis pour savoir où et comment l'utiliser de manière utile et efficace :

....

....

....

BESOIN DE SENS

C'est alors que s'est de nouveau posée la question de mon activité. Qu'allais-je faire ? Dans quel domaine m'investir ? J'ai choisi de lâcher prise une fois encore et de suivre l'enseignement de Jiddu Krishnamurti dans *Le Sens du bonheur*[13] :

« Oubliez l'idéal, et prenez conscience de ce que vous êtes. Ne courez pas après ce qui *devrait* être, mais comprenez ce qui *est*. La compréhension de ce que vous êtes vraiment est beaucoup plus importante que la quête de ce que vous *devriez* être. Parce qu'en comprenant ce que vous *êtes* s'amorce en vous un processus spontané de transformation, alors qu'en devenant ce que vous croyiez *devoir* être, il n'y a pas trace de changement, c'est simplement la même chose qui continue sous une autre forme. »

J'ai alors décidé de regarder ce qui « était » et d'être totalement à l'écoute, sans rien « vouloir ». J'ai décidé de laisser le mental au repos, d'être simplement à l'écoute de ce qui se passait en moi. Au programme : méditation, yoga, lecture et acceptation de ce qui est. Je me suis positionnée en observatrice, et c'est comme cela que j'ai remarqué que j'avais des douleurs récurrentes dans la nuque, aux cervicales et des maux de tête très fréquents. J'ai alors fait des recherches sur Internet et trouvé une maladie qui regroupait tous ces symptômes : la fibromyalgie. C'est un syndrome caractérisé par des douleurs musculaires chroniques, étendues ou localisées

13. Stock, 2006.

à diverses régions du corps, associées à une grande fatigue. J'ai donc pris un rendez-vous chez mon médecin généraliste qui m'a prescrit quelques examens et, dans l'attente des résultats, j'ai poursuivi mes recherches et appelé le centre de fibromyalgie de Paris pour avoir de plus amples informations. Mais les examens se sont révélés négatifs, mes douleurs venaient d'autre chose. Et finalement, c'est en changeant de dentiste que j'ai appris que j'avais un problème dentaire important et qu'il y avait de fortes chances pour que cela soit à l'origine des maux de tête et des douleurs aux cervicales. Le dentiste a soigné les problèmes dentaires et, effectivement, en quelques jours, les douleurs ont disparu.

Un peu plus tard, en reprenant les notes prises lors de l'appel au centre de fibromyalgie de Paris, un mot m'a sauté aux yeux. « Hypersensibilité ». La personne du centre de fibromyalgie m'avait dit que les personnes atteintes de ce syndrome étaient des personnes hypersensibles qui avaient besoin de s'écouter et de se protéger. Ce mot m'a interpellée. J'ai donc commencé mes recherches sur ce mot et c'est à partir de ce moment-là que j'ai découvert la signification du mot « hypersensibilité ». J'ai alors compris que j'étais arrivée à la fin de cette longue quête. J'avais enfin trouvé ce qui me caractérisait, ce qui me différenciait depuis toujours. Je pouvais enfin mettre un mot sur cette caractéristique, sur la singularité de mes expériences, sur mes souffrances, mes angoisses, mes émotions intenses, mais aussi sur mes passions, mes aptitudes, mes intuitions, mes habiletés, mes qualités, mes dispositions, mes capacités.

À la suite de cette découverte, une évidence s'est imposée à moi : je devais accompagner les personnes hypersensibles. Je devais simplement reprendre ma mallette de coach et les aider à apprivoiser leur hypersensibilité, à reconnaître leur précieuse singularité, à restaurer une image positive d'elles-mêmes et à faire face aux difficultés qu'elles rencontrent. Pour cela, il me suffisait de mettre à disposition mes outils de coaching, de PNL, mon empathie et ma bienveillance afin de leur permettre d'être enfin elles-mêmes et de s'aimer. J'ai donc décidé de reprendre mon activité de coach et de m'adresser uniquement aux personnes hypersensibles. Après avoir fait des recherches, étudié et compris ce qui nous différencie des autres au travers de l'hypersensibilité, relevé ses caractéristiques et identifié les points sensibles qui sont généralement source de conflits avec les autres, j'ai élaboré des outils et des stratégies pour vivre en harmonie. Aujourd'hui, j'utilise tout mon savoir-faire pour accompagner les personnes hypersensibles à vivre avec leur hypersensibilité, à accepter leur différence, à se préserver, à déployer leurs ailes, à faire tomber leur armure, à se faire confiance, à dire non, à se défendre des manipulateurs, à mettre des limites, à mettre en place des outils qui les aident dans leur quotidien, à atteindre leurs objectifs et à s'aimer.

MON ANALYSE DE COACH

La personne ultrasensible a un très grand besoin de donner un sens à sa vie. De nombreuses personnes ultrasensibles passent à côté du bonheur une bonne partie de leur vie, ou durant leur vie entière, parce qu'elles n'ont pas forcément les mêmes valeurs que la majorité de la population. En effet, les personnes ultrasensibles ne trouvent pas nécessairement le bonheur dans leur réussite matérielle ou financière. Elles s'épanouissent lorsque ce qu'elles font a un sens, une utilité, une résonance, lorsqu'elles peuvent créer un lien avec d'autres personnes, partager, échanger, évoluer, lorsqu'elles peuvent s'accomplir pleinement.

PLACE À L'ACTION !

Je vous invite à accueillir votre besoin de sens dans ce que vous faites. Ne cherchez pas toujours à vouloir convaincre les autres d'en faire autant. Lâchez un peu l'exigence que vous avez envers les autres. Chacun est libre de faire comme il veut. Cela vous fera le plus grand bien.

- Je vis enfin pour moi, sans plus me soucier du regard de l'autre, et je me réalise dans un domaine qui me tient à cœur :

....

....

....

CONCLUSION

Après avoir étudié cette singularité précieuse qu'est l'hypersensibilité, je mets aujourd'hui mes outils de coach au service des personnes hypersensibles pour les accompagner et leur permettre de mieux vivre.

Le premier obstacle pour la personne ultrasensible peut être l'environnement familial dans lequel elle grandit. En effet, si elle est dans un environnement où elle est la seule personne hypersensible, ou si cette nature n'est pas reconnue et appréciée dans son cercle familial, elle risque de ne pas avoir le soutien dont elle a besoin pour s'épanouir. Elle aura très tôt ce sentiment de décalage, d'être différente des autres, et ne sera pas sensibilisée à cette hypersensibilité qui la caractérise. Elle ne pourra donc pas découvrir ce qui est bon ou mauvais pour elle, ni apprendre à respecter et à honorer sa nature.

Dès son plus jeune âge, la personne hypersensible peut adopter une ou plusieurs stratégies pour être acceptée et aimée. Certaines personnes hypersensibles se construisent une armure pour vivre dans cette société dans laquelle elles ne se reconnaissent pas et dans laquelle elles ressentent de l'hostilité. D'autres tentent de calquer leur comportement sur celui des autres pour se fondre dans le moule. D'autres encore vivent en retrait et font tout pour ne pas se faire remarquer. D'autres encore vivent à travers le regard de l'autre, une vie qui n'est pas la leur, que les autres leur dictent ou veulent pour elles. Chacune de ces stratégies, même si elle donne l'illusion d'être efficace quelque temps, a ses limites. Un jour ou l'autre, l'armure ne joue plus son rôle, et c'est la rupture. Certaines personnes hypersensibles s'épuisent à calquer leur comportement sur celui des autres, si éloigné d'elles-mêmes et de leurs préoccupations. D'autres entrent lentement dans une forme de dépression pour avoir cru être à l'abri en se dérobant. D'autres enfin s'aperçoivent un jour que ceux dont elles dépendent peuvent être terriblement et cruellement égoïstes. S'ensuivent alors pour de nombreuses personnes hypersensibles une très grande souffrance dont elles ne peuvent identifier l'origine et un très grand isolement, physique et/ou psychologique, difficile à combler.

À l'inverse, si dans l'environnement familial l'un des deux parents est lui aussi une personne hypersensible, se reconnaît dans son enfant, l'accueille, le défend dans certaines situations et le protège, la vie de celui-ci prendra une tout autre tournure. Dès lors, il ne sera plus obligé d'être dans un système de protection, mais bel et bien dans l'accomplissement de ses talents. Il va alors être véritablement en mesure d'exprimer sa sensibilité, ses capacités, ses aptitudes et ses dispositions dans les domaines qui l'attirent naturellement. Et ils sont nombreux ! Cela peut être la musique, la peinture, la sculpture, l'écriture, la chanson, le spectacle, le droit, la justice, la communication, la science, la recherche, la nature, la finance, l'informatique, la santé, l'accompagnement thérapeutique, l'histoire… L'enfant, puis l'adulte hypersensible, exprimera sa sensibilité dans le moyen d'expression qui l'inspire, qui le touche au plus profond de lui. Il mettra alors toute son attention et son énergie dans la réalisation de sa passion, tels Prince et David Bowie. La personne hypersensible qui a su trouver le moyen d'expression de sa sensibilité, qui se fait confiance, qui sait se protéger, connaît et reconnaît sa différence, accepte et honore ses différentes caractéristiques pour respecter cette nature précieuse.

Il arrive aussi que, même si l'environnement familial est miné au départ, la créativité, l'empathie, le courage, la force, la quête de sens, d'absolu et de perfection de la personne hypersensible la conduisent à exprimer son talent et à construire une carrière singulière, voire extraordinaire. Mais, plus tard, le besoin fondamental d'être aimé pour ce que l'on est et non pour ce que l'on a accompli ou ce que l'on représente resurgit des profondeurs. Une profonde mélancolie naît alors, et ce quels que soient les succès récoltés précédemment. Ainsi, même si elle réussit dans sa vie professionnelle ou dans son domaine, la personne hypersensible qui a cru trouver, grâce à son talent, l'harmonie, la cohérence, l'excellence, la beauté, l'Amour avec un grand A, sombre parfois dans des souffrances et des angoisses incompréhensibles pour les autres. Ce fut le cas notamment d'artistes comme

Marilyn Monroe, Elvis Presley, Robin Williams, Michael Jackson, Édith Piaf, Amy Winehouse, et d'une personnalité de la télévision, Jean-Luc Delarue. Connues du grand public ou totalement inconnues, toutes ces personnes ont en commun une immense sensibilité, un talent fou, une beauté, qui les a fait sortir du cadre et se démarquer.

Je crois vivement en la reconnaissance imminente par la société des qualités et des aptitudes que possèdent les personnes hypersensibles et ultrasensibles. Je crois qu'elles sont utiles socialement, que leur intuition et leur créativité peuvent être mises au service d'entreprises innovantes. Les personnes hypersensibles et ultrasensibles sont de véritables cadeaux pour la société d'aujourd'hui, elles possèdent réellement le sens de la beauté, de la loyauté, de l'élégance, de l'intégrité et de la justice. Les entreprises de demain auront inévitablement besoin d'elles parce qu'elles sont à la fois visionnaires et inventives. Par leur singularité précieuse, les personnes hypersensibles et ultrasensibles sont connectées à leurs émotions, aux émotions des autres et à l'environnement. L'ère qui arrive est l'ère des personnes connectées, donc l'ère des personnes hypersensibles et ultrasensibles.

BIBLIOGRAPHIE

Arielle Adda, *Le Livre de l'enfant doué*, Solar, 2008.

Arielle Adda et Thierry Brunel, *Adultes sensibles et doués : Trouver sa place au travail et s'épanouir*, Odile Jacob, 2015.

Elaine N. Aron, *Ces gens qui ont peur d'avoir peur : Mieux comprendre l'hypersensibilité*, Éditions de l'Homme, 2013.

Mihaly Csikszentmihalyi, *Vivre la psychologie du bonheur*, Pocket, 2006.

Neale Donald Walsch, *Conversations avec Dieu*, J'ai lu, 2003.

Walter Isaacson, *Steve Jobs*, JC Lattès, 2011.

Jiddu Krishnamurti, *Le Sens du bonheur*, Points, 2014.

Alice Miller, *Le drame de l'enfant doué*, PUF, 2013.

Michel Onfray, *Cosmos*, Flammarion, 2015.

Anthony Robbins, *Pouvoir illimité*, Robert Laffont, 1989.

David Servan-Schreiber, *Guérir*, Éditions retrouvées, 2017.

Saverio Tomasella, *Hypersensibles : Trop sensibles pour être heureux*, Eyrolles, 2012.

TABLE DES MATIÈRES

Préface 7

Avant-propos 9

Introduction : « Je suis hypersensible » 11

Mon parcours 13

Pourquoi j'ai écrit ce livre 16

Chapitre 1 : Être hypersensible : qu'est-ce que cela signifie ?... 19

Dans la littérature 20

Ma définition 24

Chapitre 2 : Dans l'enfance, une nécessaire adaptation 27

Faux self ou stratégie d'adaptation 27

Extraverti-introverti 33

Besoin d'être aimé 37

Les différentes stratégies de protection 39

Chapitre 3 : J'ai vécu une adolescence sérieuse, espiègle et… désenchantée 47

Résistance à l'autorité 47

Perte de confiance en soi : les mots qui blessent 53

Le mal-être de l'hypersensible 59

Hyperempathie 64

Chapitre 4 : Ma vie d'adulte, entre incertitude et détermination 69

Absence de filtre 69

Besoin de cohérence 77

Absence d'esprit de compétition 80

À fleur de peau 87

Besoin de comprendre 97

Perfectionniste 101

Difficulté à faire des choix 116

Passionnée 120

Intuition 130

Besoin d'accomplir 135

Guerrière 143

Ruminations 146

Proie des manipulateurs 150

Résilience 156

Extrême vigilance pas toujours écoutée 165

Intensité 170

Besoin de changement 179

Syndrome de l'imposteur 186

Hyperesthésie 191
Sens aigu de la justice 195
Besoin de sens 203

Conclusion 207

Bibliographie 211

Cet ouvrage est composé de matériaux issus de forêts bien gérées certifiées FSC®, de matériaux recyclés et de matériaux issus d'autres sources contrôlées.

Le Forest Stewardship Council® est une organisation internationale non gouvernementale qui encourage une gestion écologiquement adaptée, socialement bénéfique et économiquement viable des forêts de la planète.

Pour en savoir plus, consultez le site www.fsc.org

FSC
www.fsc.org
MIXTE
Papier issu de sources responsables
FSC® C022829

Achevé d'imprimer en février 2021
sur les presses de la Nouvelle Imprimerie Laballery
58500 Clamecy

Quatrième tirage

Dépôt légal : mars 2019

N° d'impression : 102063

Imprimé en France

La Nouvelle Imprimerie Laballery est titulaire de
la marque Imprim'Vert®